POLITICAL SCIENCE

政治学

［第2版］

川出良枝・谷口将紀——［編］

東京大学出版会

Political Science
(2nd Edition)
Yoshie KAWADE and Masaki TANIGUCHI, Editors
University of Tokyo Press, 2022
ISBN 978-4-13-032235-5

はしがき

　政治学は、大学で学ぶ難しい学問、それも一般にはあまりなじみのない学問だというイメージをもたれがちである。政治家や公務員になろうとするならいざしらず、自分には無縁な世界だと、敬して遠ざけられることすらある。

　だが、それは本当であろうか。実は、政治学の概念、政治学の考え方にふれる機会は、案外身近なところにある。高等学校の公民科の教科書（「政治・経済」や「公共」）を思い出していただきたい。民主政治の原理、議会や政党、マスメディアや経済政策、福祉の仕組み、国際関係、さらには現代社会の抱える諸問題など、そこには、政治学という枠組みの中で並べられていなくても、政治学にとっての基礎的な道具と知識が既にかなりの程度そろっている。なるほど、学校の教科書とは、ただひたすら暗記するもの、試験が終わればさっぱり忘れるものという扱いをうけることも残念ながら少なくない。しかし、それではあまりにも惜しい。せっかく学んだ材料を手がかりにして、多くの読者がそれを無理なく発展させる形で政治学を学ぶことができないであろうか。本書を企画した際の出発点の1つはそこにあった。

　本書のもう1つの意図は、政治学のエッセンスを一冊に凝縮し、政治学的なものの見方や基礎的な概念を一通り把握できるものにするということである。政治学も他の学問領域と同様、専門分化がはなはだしい。専門的で高度な理論や詳細な記述を特色とする概説書、それらに進む前の入門書など、政治学を専門的に学ぶ学生に向けて書かれた教科書は既にたくさん出回っている。それに対し、本書は、平易な記述を心がけながらも、必ずしも専門科目としての政治学に進むための第一歩という性格をもつものではない。これ一冊で政治学がわかる、というのは少々言い過ぎかもしれないが、本書をまるごと読み通すことによって、読者があたかも高い塔から見渡すように、現代

政治に対する明快な見通しを得ることができるような、そのような小さいながらも完結した一冊をめざしたつもりである。

　それゆえ本書は、大学1年生、政治学を必ずしも専門としない学部生・大学院生、また、社会に出て経験を積んだ後にあらためて政治の仕組みを勉強し直したいという大人の読者に、ぜひ読んでいただきたい。少し背伸びのしたい高校生にも手に取っていただければ、執筆者としては望外の喜びである。

　では、そもそも政治とは何か。さまざまな定義、さまざまな見方が飛び交うだけに、ずばりと一言でまとめるのは簡単ではない。政治の本質を権力に求める見方は伝統的であると同時に今日でも相変わらず有力である。その場合、物理的強制力をもつ国家の活動に焦点を合わせる立場もあれば、直接的な暴力を用いずとも広く社会の隅々にまで浸透する多種多様な権力現象に注目する立場もある。政治を1つのシステムとみなし、政治を「諸価値の権威的配分」であるとしたD. イーストンの定義はしばしば参照される有名なものである。他方、政治を複数の人間が言語を介して自由に行為する、それ自体に価値のある公共的な営みとみる見方（H. アレント）もある。これは、総体としての政治とは何か、というよりは、あるべき政治とは何か、という関心に発する政治の定義である。一連の政治観を吟味した上で、佐々木毅は、「自由人からなる1つの共同社会の中での公共的利益に関わる、権力を伴った（権力をめぐる）多元的主体の活動」と定義した（佐々木毅 2012：47）。本書としても、政治を権力や権威や強制と関連づけて捉えるのみならず、政治には市民が協力して公共的利益を追求するという側面があることに目を向けるというやり方をとりたい。

　その上で、本書の特色を一言で述べるならば、それは、政治一般ではなく、民主政治を理解するための政治学を志したという点にある。日本の政治体制は、代表民主制（代表制民主政治）であると言われ、それが民主政治の一形態であるという理解は漠然と共有されているが、果たしてその内実はいかなるものか。そもそも、ここでいう民主政治とは、デモクラシー（democracy）という語の訳である。詳しくは本論で述べるが、この語の元々の意味

は、一部の特権者ではなく、自由で平等な市民が全員参加して統治するというものである。デモクラシーは、文脈によって民主主義と訳されたり、民主制（政）と訳されたりするところによく表れているように、1つの思想・イデオロギーでもあり、また制度・体制でもある。本書は、民主政治を支える理念に着目しつつ、実際に民主政治がどのような制度によって支えられ、また実際の政策過程においてどのようなメカニズムで機能しているかを明らかにしていく。民主政治を政治における1つの仕組みとして捉えるならば、それがいかに精妙な仕組みであるかを、それが抱える矛盾や課題からも目をそらすことなく、一歩一歩ていねいに解きほぐしていこうではないか。

　以下においては、まず、第1章と第2章では、民主政治という理念をめぐる論争の起源とその後の変容の過程を古代・近代・現代（20世紀以降）の順で探求し、民主的であるとはどういう意味かという問いを原理的に探求しよう。続く第3章では、民主政治の現代的特徴の1つである福祉国家が抱える諸問題を検討し、第4章では民主政治の制度的な類型化（大統領制／議院内閣制、多数決型／合意型）を試みる。

　次いで、主として日本を題材にして、現実の民主政治を支える諸制度を分析する作業に進む。まず第5章では代表制民主政治の根幹をなす選挙制度の詳細を理論的に探求し、第6章では同じく民主政治の屋台骨である議会と政党にスポットライトをあて、その種類と存在意義を論じる。次なる課題は、実際に政策が形成されるにいたる過程をトータルに捉えるというものである。まず、第7章では、1つの政策が形成されるまでの過程で、政党、官僚（行政組織）、利益集団がどのように関わっているかを明らかにし、第8章では、民主政治の帰趨にとって重要なファクターとなる世論に注目し、それが主として新旧さまざまなメディアとの関わりでどのような問題を抱えているかを分析する。

　現代の民主政治は一国レベルで完結するものではない。第9章では、地方という身近な単位で民主政治がどのように機能しているかを、地方分権化の推進という現代の潮流と合わせて論じる。第10章では、国民国家を国際秩

序の中に位置づけ、両者を媒介する地域統合の試みや、グローバル化の進展の中における政策決定のあり方を、それらに対する批判の動きも含めて検討する。最終章では、現行の民主政治への異議申し立ての動きをみすえ、参加と討議（熟議）という観点からあらためて現代における民主政治の理念を再検討し、本書をしめくくることにしたい。

　民主政治を理解するということの意義は、単に知識や情報を頭に入れるというだけにとどまらない。民主政治の下で生きる私たちは、たとえ微々たるものであっても、一国の進路を左右し得る力と、それに伴う責任をもつ。一人一人が民主政治の担い手であり、当事者であるのだから、民主政治の政治学は、私たちにとっていわば必須科目である。このささやかな著書がその一助となるならば、執筆者一同、それにまさる幸福はない。

　　2022 年 5 月

　　　　　　　　　　　　　　　　　　執筆者を代表して

　　　　　　　　　　　　　　　　　　　　川 出 良 枝

　　　　　　　　　　　　　　　　　　　　谷 口 将 紀

目 次

第❶章 民主政治の起源 ·· 1

民主政治とその語源／直接民主制と間接民主制／古代ギリシアの民主政治／
プラトンの民主政治批判

ルソーの人民主権論／代表制(代議制)民主政治／選挙権の拡大と大衆の能力

自由民主主義／権力分立と自由主義／自由主義と基本的人権／
民主政治と自由主義

第❷章 民主政治の変容 ·· 21

民主政治の曖昧さ／民主政治とネイション

コラム目次

 民主政治の起源

　今日、民主政治は、私たちが守るべき、そして希求すべき最も重要な政治上の目標の１つとみなされている。しかし、そもそも民主政治とは何なのか、民主政治を具現化した政治制度とはいかなるものなのか。さらには、なぜ民主政治が重要なのか、私たち一人一人はどのように民主政治とかかわるべきなのか、などは必ずしも自明な事柄ではない。本章では民主政治の重要な起源である古代の民主政治と近代の民主政治を中心として、民主政治の歴史的意味の変容をたどり、私たちの時代の民主政治を相対化し、私たちは民主政治とどう向き合うべきかを考えるための１つの手がかりとする。

アクロポリス
提供：ユニフォトプレス

1

古代の民主政治

●民主政治とその語源

古代ギリシアには政治学上の多くの重要な概念の語源がある。そもそも、「政治学」（politics）という概念の語源もギリシア語のポリティケーである。**デモクラシー（民主政治）**という言葉もまた同様である。デモクラシーの語源であるデモクラティアという言葉は、古代ギリシア語において、デーモス（民衆）とクラトス（支配）からなる合成語であり、民衆の支配、民衆の統治を意味した。日本ではデモクラシーを**民主主義**と訳すことが多く、主義という言葉の響きゆえに、民主主義が抽象的な理念と受け取られることも多いが、古代ギリシアにおいてデモクラティアとは、一人の王が支配する王制や、少数者が支配する貴族制などに対して、選択可能な1つの政治体制（あるいは政体）とみなされていた。今日でも、例えば「代表民主制」という言葉に見られるように、デモクラシーを制度や政治体制を表す語として**民主制（民主政）**と訳出することも少なくない。理念であり、また具体的な制度でもあるという2つの特徴をもつデモクラシーという語を、本書では、原則として、両方のニュアンスを含む「民主政治」という言葉で統一的に表していく。ただし、民主主義や民主制という言葉が一般に広く使われているケース（「大衆民主主義」「自由民主主義」「社会民主主義」「直接（間接）民主制」など）では、通例にならう。

●直接民主制と間接民主制

今日では、民主政治を、**直接民主制**と**間接民主制**の2つに区分して捉えることが一般的である。だが、古代ギリシアにおいて民主政治とはもっぱら直接民主制のことを意味した。このような見方は、18世紀に至ってもなお常識的な見方として受け継がれ、例えばフランスの政治思想家モンテスキューは、

民主政治を人民全員が最高権力をもつ体制とみなし、それは人民の政治参加が可能な小さな領土においてしか可能ではないと述べていた。現代におけるように、国民国家という広大な領土において、国民が選挙により選んだ代表者を通して政治を行う**代表民主制（代表制民主政治）**が民主政治の一形態としての地位を獲得するのは、歴史的にはようやく近代の革命を経てのことである。

●古代ギリシアの民主政治

では、長らくヨーロッパにおいて民主政治の典型とみなされた古代ギリシアの民主政治、すなわち、今日では直接民主制と呼ぶものは、いかなるものであったのか。そのモデルとして代表的なものは古代ギリシアの都市国家（ポリス）の1つ、アテネ（アテナイ）である（図1-1）。そこでは古代ギリシアの他のポリスと比較して、典型的かつ徹底した市民の直接参加による民主政治が実現した。

[図1-1]　古代アテネのアゴラ（広場）。市民の生活の中心地であった。
ⓒ 時事通信フォト

　アテネの民主政治の特徴としては、第1に、「市民」のすべてが平等に参政権をもち、政治に参加する権利をもったという点が挙げられる（**平等な政治参加**）。ここでいう「市民」とは、成年男子のみであり、女性や奴隷や在

留外国人は完全に排除されていた。アテネの場合、「市民」は総人口の約5分の1未満とされる。この点は、今日からみれば一部の特権的な者からなる政治として否定的に受け取られるかもしれないが、他の地域においては独裁や少数者支配が当たり前だった当時において、少なくとも「市民」の間においては政治的な平等が1つの重要な価値とみなされ、尊重された点は強調するに値する。

　第2に、**統治者と被治者との同一性（一致）**が前提とされた。すなわち、今日のように代表者としての政治家に一方的に政治を任せるのではなく、支配する者と支配される者は同じである。古代ギリシアにおいては「民会」と呼ばれる立法府に相当する最高の議決機関において、市民全員がこの集会に参加し、発言する権利をもった（図1-2）。アテネの「民会」は、月に4回（公的行事では1年を10ヵ月と数えたため1年に40回）開かれ、戦争や外交や戦時の財政に関することなどが主な審議事項となり、数千人を超える市民が参加したとされる。また、多くの行政上および司法上の役職は抽籤により選出され、政治のアマチュアが1年ごとに抽籤により交替で公職に就いた。この点でも徹底した直接民主制が施行されていたと言える。できるだけ多くの人びとが自ら統治者となって直接統治にかかわるのであり、専門家の支配ではない市民の統治が重視されたのである。

　第3に、古代ギリシアの民主政治の特徴として、それが市民の公共精神と団結とに支えられていたという点が挙げられる。トゥキディデス『戦史（歴史)』には、ペリクレスの演説が引用されており、ここではアテネの民主政治にとってポリスへの義務、遵法精神、自己犠牲といった公共精神がいかに重要であるかが記されている。ただし、この公共精神の尊重は、ポリスという特定の共同体の内部におけるものであり、外部に対しては排他的なものであった。古代ギリシアの民主政治を支える公共精神は、戦争と密接にかかわるものであった。いざ戦争となればポリスの存続のために生死を賭けて戦う必要のあった彼らにとって、公的なものごとのため私的なものごとを犠牲にする行為は高い価値をもった。こうした公共精神は今日的な意味での人権感

覚のない時代にあって、現代とは比較にならないほど強烈なものだったと言える。

　第4に、共同体の規模が小さく、濃密な政治参加が可能だった点が挙げられる。実際、他のポリスよりもかなり大きかったアテネの面積でも神奈川県全域を上回る程度であった。「民会」では誰もが発言権をもつポリスの政治は言論と密接にかかわっており、共同体内のさまざまな問題を皆が理解し、皆が政治判断を下す上で、人びとが緊密な交流やコミュニケーションを行うことのできる範囲で生活することは重要な条件であった。このようなアテネの民主政治を可能とした背景には、アテネのポリスが、道徳的・宗教的な価値において、きわめて同質性の高い**共同体**であったという点も無視しえない。

●プラトンの民主政治批判

古代アテネの政治体制は、今日の民主政治を考える上で示唆深いものだが、それが積極的な称賛のみを受けていたわけでは決してない。むしろ、当時の知識人による多くの批判にさらされていたと言えるだろう。

[図1-2]　古代アテネの民会の開催場所であったプニュクスの丘
©Bridgeman Images／時事通信フォト

　なかでも重要な批判はプラトンによるものである。プラトンは『国家』で、民主政治の下では、自由が最も善き価値だとされると述べた上で、そのような状況下では、人びとは自らの欲求や気ままな自由を保障してくれる支配者を望もようになり、その結果、一種のアナーキー（**無政府状態**）に陥ると指摘する。また、民主政治の下では、等しい者も等しくない者も、権威ある者もそうでない者も、みな平等に扱われる点で問題があるとされる。さらには、民主政治の下では、貧しく無知な多数者は、自らの利益には敏感であるが、公共の事柄に関心をもたないため、民衆の心を掌握する民衆指導者、さらには独裁者が生まれやすい体制だともしている。

　今日でも、民主政治に対する批判として、それが市民の思慮深い判断に基づくものではなく、安易な判断や一時的な時流に左右される大衆による、大衆迎合主義やポピュリズムに陥る危険をもつといった議論がある。その当否はともかく、そのような見方の起源は、すでに民主政治の出発点である古代ギリシアにあったのである。

❷　近代の民主政治

●ルソーの人民主権論

現代の民主政治の1つのルーツは古代ギリシアにあるが、もう1つの重要なルーツは、近代ヨーロッパにある。次にみる J.-J. ルソーは18世紀のフランスにおいて活躍した思想家であり、今日の民主政治を支える重要な理論を提供することになった。ルソー自身は必ずしも「民主政治」という語を積極的に用いたわけではないが、人民が**主権**（国を統治するために必要な決定を行い、それを強制する権能）をもつという**人民主権**の理論を定式化し、民主政治を理論的に正当化した（主権という概念については、◆第10章第1節）。

[図1-3]　ルソー著『社会契約論』（左、一橋大学社会科学古典資料センター蔵）とその邦訳である中江兆民『民約訳解』（右、東京大学大学院法学政治学研究科附属近代日本法政史料センター明治新聞雑誌文庫蔵）。

　ルソーはその代表作『社会契約論』（図1-3）において、まず、社会ができる以前の状態、つまり人間がばらばらに暮らしていた自然状態を想定して、このような状況の中で人びとは生存を妨げるさまざまな障害を克服するために、**社会契約**を結び、国家を設立するとの議論を立てた。これは理論上の仮説であるとはいえ、国家が諸個人の合意によって作り上げられた作為の産物であると考えるという点で、近代の個人主義的政治思想の特徴を示すものである。ただし、社会契約説自体は、すでに17世紀イギリスで、トマス・ホッブズやジョン・ロックが本格的に論じたものであった。例えば、ホッブズは、諸個人の「自己保存」（生命や安全など）の保護を目的として社会契約を説いた（ロックについては後述）。ルソーも社会契約の考え方を踏襲するが、ルソーにとってより重要な問題は、本来自由なものとして生まれた人間にとって、共同体の設立は不可避であり、かつ積極的な意義をもつことを示すところにあった。すなわち、ルソーにとって人間は単なる欲望や衝動に従うのではなく、義務や理性に照らして自ら決定を下し、それに従うという意味で自由な存在であり、またそうであるべきだった。したがって、あるべき政治体制とは、そこにおいて各人が、他人の恣意的な支配に服従するのではなく、主権者として、自分が従うことになる法やルールを自ら作り、それに従って生きることのできる体制だということになる。

　ところで、ルソーの社会契約論は共同体の設立に際して、人びとが自らの身体と財産とを全面的に共同体に対して譲渡することを求めるものであり、議論のこの部分はさまざまな批判を招くものでもあった。実際、ロックのように、契約に際して権利の一部のみを人びとが放棄するという議論の立て方もあった。しかしルソーにとっては、一部の富者や支配者の既得権を完全に排除して、いかなる上位者も存在しない自由かつ平等な結合を実現することがきわめて重要な課題であった。こうして人びとは、共同体の設立の後、私的利益とは区別される公共の利益としての**一般意志**にのみ従うこととなる。人民のみが共同体の主権者とされ、人民に属する主権は譲渡することも分割することもできない絶対的なものとされた。また、人民が主権を行使するためには、一人一人が直接参加して立法を行う必要があるともされた（ただし、立法のみではなく行政も全員が担う古代ギリシアのような民主政治については、ルソーはその実現可能性には否定的であった）。

　しかし、はたしてルソーのいう人民とは誰なのか、という問いは残される。ルソーの議論は人民には一体的な利益が存在するという想定の上に成立するものだが、それに対して人民の利益とは決して単一のものではなく、さまざまな利益や選好の総体であるという考え方もありうる（例えば後述するマディソンなど）。たしかに、ルソーの議論は一般意志への人民の服従を要求する点で、少数者の利益を損なう危険を内包することは否定しえない。実際、ルソーはいったん形成された共同体において、市民の公共意識を維持・再生産することに強い関心を払っており、これは古代ギリシアへの回帰をも想像させる。歴史的にみれば、ルソーの議論は、人民の利益の一体性を創出することで、諸身分の利害に分裂していた身分制社会や君主制との決別を理論的に可能としたという大きな意義をもつ。しかしながら、今日なお民主政治が1つの共同体内における人民（国民）という集合体を主権者とする点では、人民内部の差異はどう保障されるのか、対外的には排他的にならないのか、人民の合意をいかに形成するのか、などの問いは残される（◆第2章）。

●代表制（代議制）民主政治

ルソーの論じた人民主権論は、ルソーの死後、**アメリカの独立革命**や**フランス革命**を正当化する論理としても用いられ、近代民主政治の展開において重要な役割を果たした。ただし、ルソー自身が『社会契約論』で示した政治のモデルは上述のように今日の**代表制民主政治**とは異なるものであった。

そもそもルソーにとって、代表者が政治的意思決定を行う体制は人民主権の名に値しない。ルソーは、イギリスの代議政治を自由のない体制だとしてこれを厳しく批判した。イギリス人が自由なのは、選挙で代表者を選ぶ時のみで、それ以外の期間において、人びとは奴隷のようなものとされるからである。

実際、代表制と民主政治とは、歴史的にもまったく別の起源をもつものである。**近代議会**の起源は、13世紀から14世紀にヨーロッパで発達した中世の身分制議会にあった。貴族、聖職者、平民などの諸身分からなるこの議会は、今日におけるように立法機能を果たすのではなく、国王が諸身分に対し、戦争と課税に対する同意を調達する場であった。イギリスでは名誉革命（1688年）によって、議会の決定が国王に優越するという議会主権の原則が確立し、**制限選挙**の制度が残存したとはいえ、今日の代表制民主政治に近いものが成立した（図1-4）。このように、議会制は、本来、市民相互の平等を志向する民主政治とは無縁な身分制的な制度として発達してきた。今日の私たちは代表制民主政治を民主政治として当然視するが、代表制が民主政治の一類型であることを正当化するためには、何らかの理論的な説明が必要であった。

そういった理論的説明の1つとして挙げられるものが、アメリカ独立へと世論を導いた18世紀の思想家トマス・ペインであった。ペインはその著『コモン・センス』において、社会契約を憲法制定権と捉え直し、人民主権をアメリカの地に実際に実現しようと試みた。そこでペインが用いたのは、古代ギリシアを想起させる民主政治の語ではなく、**共和政**（元々は公共の利

益を実現する体制、転じて専制・王政以外の体制の意）という言葉であった
が、この共和政がアメリカのような広い領土においてはたして実現可能か、
という点について、以下のような説明をした。ペインによれば、住民の数が
少ないとき人びとは大きな木のもとに集まり自ら住民全体の問題を討議し、投
票した。だが、人口が増えると全員が集まることが不便になり、代表を選出
して自分たちの代わりとせざるをえなくなった。かくして、アメリカの植民
地議会が生まれた。ペインは直接民主制が小さな単位の社会でしか実現可能
ではなく、広大な領土における共和政には代表制こそがふさわしいと考えた。
ただし、ペインは、代表制民主政治を支持しつつも、代表者にただ政治を委
ねるのではなく、頻繁な選挙を通しての人民の統制の必要性を論じている。

［図1-4］《会期中の庶民院》（1710）（ピーター・ティルマンス画）
提供：ユニフォトプレス

　独立後のアメリカにおいて、連邦政府にこれまで以上に大きな権限を付与
しようという**連邦派**（フェデラリスト）の立場からアメリカ合衆国憲法草案
を執筆したマディソンもまた、大きな共和国の可能性を模索した一人である。

ハミルトン、ジェイとの共著である『ザ・フェデラリスト』において、マディソンは規模の大きな領域における共和政、および代表制の意義をペイン以上に積極的に打ち出した。マディソンによれば、古代の民主政治は同質性が強く、多数者の専制に抗する手段がないという弱点を抱えていた。それに対して、広い領土においては多くの派閥があるため1つの支配的な派閥はできにくく、少数者の権利が侵害される可能性が低くなる。また、規模の大きさゆえに優秀な人材も多く、賢明で優れた人物がリーダーとして選出される可能性が高くなる。ペインにとっての間接民主制が規模の制約がある中での現実的かつ便宜的な選択であるとの意味合いをもったのに対して、マディソンにとっての代表制は、直接民主制よりも優れた統治、新しい時代の民主政治の中核を担う優れた制度として、積極的な意味を与えられたのである。

●選挙権の拡大と大衆の能力

18世紀における代表制民主政治は、財産要件をはじめとする**制限選挙**によるものであった。19世紀になると、次なる課題として、**選挙権**の拡大による**普通選挙**の実現という問題が浮上する。そうした状況の下、そもそも、なぜ人民は政治に参加すべきなのか、とりわけ、なぜ人民全員が政治に参加すべきなのかという問題があらためて問われることになる。人民が仮に愚かな大衆であるならば、にもかかわらずなぜ賢い少数者ではなく多数者が政治の主体であるべきなのか。

　すでにみたように、ルソーによれば、人間は自由な存在であるからして、他人が決めたルールに従うのではなく、自らが従うことになる法やルールはすべての個人が自ら決定すべきだということになる。また、古代ギリシアの政治を評価する立場からは、公的な生活にかかわることこそ人間としてのあるべき生き方であるとして政治参加を説く見方も出された。**功利主義**の立場からも、選挙権の拡大を求める声が上がった。その旗頭となったのが、18世紀末から19世紀前半のイギリスで活躍したベンサムである。ベンサムによれば、人間の本性は幸福の実現のうちにあり、政治が目的とするのは社会

における**最大多数の幸福を最大化**することである。ベンサムによれば、こうした功利の原理を実現するためには、多くの有権者が政治に参加することが大切である。というのも、何が幸福かを最も確実に決めることができるのはあくまでも自分自身であるからである。

　功利主義を修正しつつ継承した19世紀イギリスの思想家 J. S. ミルは、男性市民における**普通選挙**のみならず、**女性参政権**の導入を主張した。ミルによれば、男女を問わず、人間は自立した存在として、自らの望むようにその知的・道徳的能力を発展させる時、真の幸福を感じる。自らが選んだ政治家によって統治されるということは、市民がこうした生き方をするための必要条件であり、また、結果として人類全体の発展と幸福につながるというのである。

　しかしミルは、同時に、大衆の現状からして、選挙権が一挙に拡大することは民主政治の質を低下させるものだとして警戒を示していた。その著『代議制統治論』は、政治参加の意義を説きつつも、大衆が十分な能力をそなえるまでの間、教養ある知識人に複数の票を与えるべきだという提言をはじめとして、知的エリートの役割を組み込んだ政治制度をさまざまなかたちで提言している。ここでも古代ギリシアと同様の民衆の能力への警戒感がみられる。19世紀後半には、選挙権の拡大を背景にして、大衆の非合理的な側面に目を向けるタイプの政治思想が数々現れてくる。そこでは民主政治の主体としての人民の政治的な判断能力、大衆の非合理的な態度などがより一層厳しく問われていくことになる（◗第2章第2節）。

❸ 自由主義と民主政治

●自由民主主義

現代の民主政治は、しばしば、**自由民主主義**（リベラル・デモクラシー）と

呼ばれる。「**リベラル**」（**自由主義的な**）という形容詞がついているのは、民主政治にもいろいろあるが、その中でも特に、自由主義的な思想や制度を取り入れた民主政治であるとして、他のタイプの民主政治と区別するためである。

　では、**自由主義**（リベラリズム）とは何か。それは、簡単に述べるなら、権力が人びとに対して影響を及ぼす範囲を明確に限定して、権力の濫用や侵害から個人の自由の領域を徹底的に守ろうとする思想と運動のことである。民主政治の起源が古代ギリシアにあるのに対し、自由主義を形作るさまざまな原則は、古代においてまったく知られていなかったとまでは言えないが、その本格的な成立は、ヨーロッパの中世以降、とりわけ、16世紀以降である。以下にみるように、自由主義的なものの考え方や制度は**絶対王政**に対する闘いの中で鍛え上げられていくが、個人の自由の確実な保障のためには、一定程度の政治参加（特に議会を通した政治参加）が必要であるという発想を伴うことも少なくなく、そのかぎりでは、自由主義は、民主政治を確立するための運動と密接に関係し、両者は相補って発展していったと言える。実際、自らが選んだ政治家によって統治されるということは、市民が自立した存在として自由に生きるための必要条件であると主張した前述のミルの議論は、自由主義と民主政治の結合の典型例である。

　とはいえ、自由主義にとっては、民主的な意思決定の制度の実現は、それ自体が目的であるというよりは、**自由と権利の保障**という自由主義にとっての最高の目的のための、いわば手段であった。自由主義的な観点からみれば、政治権力は、主権者が誰であれ、人びとの生活、そして生死をも左右する圧倒的なものであり、君主主権が人民主権に変わったとしても、権力に対する警戒は怠るべきではない。では、権力に対し、自由主義はいかなる独自のやり方で対抗してきたのであろうか。

●権力分立と自由主義

第1に、自由主義は権力そのものを制限・分割するという政治制度の設計を

提唱する。

　「権力は腐敗する、絶対的な権力は必ず腐敗する」（アクトン卿）という有名な言葉に示されているように、一人の権力者が大きな権力をもてば、その権力者がいかに善良な人間であれ、誤って権力を濫用するかもしれない。あるいは権力者が将来的にも善良であり続けるほど強く賢明な人間ではないかもしれない。こうした危険性をふまえ、権力を分立させ、一人ではなく複数の主体に担わせようという**権力分立**の発想は古くからあった。その根底には、人間の弱さや邪悪さへ目を向ける冷めたリアリスティックな人間観があるとも言える。権力分立は、その意味では人間への信頼ではなく、不信の上に成立した考え方である。しかし、たとえ一人であっても邪悪な人間がいた場合、それでも社会全体としては着実に秩序を成立させなければいけない。政治にはこうした冷静な見方が必要であることも否めない。

　今日の憲法における**立法・行政（執行）・司法の三権の分立**の理論に大きな影響を与えたとされるモンテスキューは、その著『法の精神』において、およそ権力を保有する人間は権力を濫用しがちである、という有名な言葉を述べ、権力が濫用されないためには、権力を権力によって抑制・制限する制度的仕組みをつくることが重要だと説いた。モンテスキューは権力分立のないところに自由はないとも指摘し、権力分立の制度を自由の問題としても捉えている。

　モンテスキューの議論をアメリカに移し替え、本格的な三権分立に基づく制度を設計し、実現させたのが先述のマディソンをはじめとする、連邦派と呼ばれる憲法草案起草者たちであった。マディソンは、強力な権限をもつ連邦政府を設立したとしても、そこに政府の権力が濫用されないための制度が組み込まれるなら、決して強い連邦政府の設立に警戒する反対派が主張するような自由の侵害は生じないと主張した。マディソンらのアイデアは、行政府（内閣）の存立が立法府（議会）の信任に基づくというかたちをとるイギリス型の**議院内閣制**とは異なり、行政府（大統領）と立法府（議会）との間に厳格な権力分立を実現することをめざすものであった。その後、1803 年

には法令の合憲性を司法府（裁判所）が審査する違憲審査制が成立し、立法・行政・司法の三権の抑制と均衡からなる現代アメリカの**大統領制**の基礎が築かれる（◆第4章）。

●自由主義と基本的人権

第2に、自由主義は、いかなる権力によっても侵害することのできない人間の神聖な領域として、**身体・生命・財産の自由**、**信教の自由**、**表現の自由**などを説いてきた。

　中世のイギリスでは、身分制の下における各身分（教会、貴族、自由都市など）の**特権**の尊重を要求する**マグナ・カルタ**（**大憲章**）が国王に突きつけられ、国王もこれを受け入れる（1215年）。そこでは同意のない課税の禁止、法や裁判によらず自由・生命・財産を奪われない権利の保障など、君主といえども**法の支配**に服すべきだという原則が確認される。マグナ・カルタは、その後、権力の集権化を進めようとする君主に対して、特権層が抵抗する際の重要な武器となった。

　しかしながら、特権とは不平等な身分社会における諸身分の個別的な権利であり、すべての人間が生まれながらにもつ平等で基本的な権利（**自然権**）という観念とは異なる。自然権思想を本格的に展開し、自然権を土台にした統治の実現を訴えたのが17世紀イギリスのジョン・ロックである。ロックはその著『統治二論』において、身体・生命・財産を含む「**私的所有権**」（**プロパティ**）の神聖さを説いた。ロックによれば、神は全人類に平等な権利として生存に必要かつ有益なものを与えた。そこには人間の身体や生命や自由、さらには神によって与えられた身体を用いた労働によって新たに生み出された財産も含まれる。その人固有のものとしての私的所有は誰によっても決して奪われてはならない神聖な権利である。ロックは、このような考え方をもとに、社会契約説を用いて、私的所有権を保全するための手段として人民による政府の設立を主張した。さらに、私的所有権を侵害する政府に対しては、市民には、武力行使をも含む**抵抗の権利**があるとした。

　16世紀半ばから17世紀半ばにかけて、ヨーロッパは宗教的対立を背景として生じた内乱や戦争が秩序を混乱に陥れ惨状を招いた。こうした事態を憂えたロックは『寛容についての書簡』において、国家と教会との役割はまったく異なるのであるから、宗教など個人の内面の問題には、国家が介入すべきではないとした（**政教分離**）。こうした前提から、ロックは、**寛容**と信教の自由を説いた。すなわち、たとえある人にとってはおよそ真の宗教とは考えられない信仰をもつ者であっても、その人が政治社会のルールに違反する行動をとらないかぎり、その権利は侵害されてはならず、価値の対立をめぐる個人の内面的な領域に政治権力は中立性を保ち、そこに踏み込むべきではないとされたのである。

　近代の自由主義は、多くの思想家たちの思想的営みを経て、個人の身体・生命・財産の保障、内面の自由の尊重といった諸原理を確立する。これらは、いかなる政府の決定によっても覆すことのできない基本的人権として、**アメリカ独立宣言**、**フランス人権宣言**、さらには1948年に国際連合が採択した**世界人権宣言**と、今日にも受け継がれていく（自由主義の20世紀以降の展開については◆第3章第1節、第3節）。

●民主政治と自由主義

絶対王政という共通の敵に向かい合っている間は、自由主義と民主政治は歩調をあわせて戦うことができた。一人支配のもたらす権力の横暴に対し、自由主義者たちが権力分立や不可侵の権利という観念を打ち出したのに対し、民主政治の擁護者たちは、君主や特権階層の手から人民の手に権力を奪取することで問題の解決をはかった。ところが、革命によって絶対王政が崩壊し、不完全なものとはいえ、民主的な体制が設立された国においては、両者の関係に微妙な変化が生じる。そこでは、民主政治の主体である多数者の決定が、かつての専制君主に代わり、個人の自由を侵害するのではないか、という危惧があらたに浮上したからである。19世紀フランスの思想家トクヴィルは、この問題を「**多数者の専制**」と呼び、これと正面から向き合った。それはま

さに民主政治と自由主義をいかに両立させるかという課題への真剣な取り組みとみることができる。

トクヴィルはその著『アメリカのデモクラシー』において、民主政治を**平等化**と捉え、それが不可逆的な歴史の趨勢であると診断した。民主政治の下では、一人一人の人間は、平等で対等な個人として扱われる。ところが、市民はそこにおいて、他者との関係や公共の事柄よりも自らの私生活にもっぱら関心を向け、「**個人主義**」や「**物質的な享楽への愛着**」に囚われた存在となりがちである。孤立した市民は、皆が平等だとされつつも、自分の能力に自信をもてないため、多数者や全体の言うことに、たとえそれが間違っていると感じていても、つい従ってしまう。トクヴィルは、こうした多数者による同調圧力の中で、個人の自由が失われかねないとの危惧を抱く。

民主政治と個人の自由との関係について、こうした悲観的な見方を示しながら、トクヴィルは、他方で、民主政治が急速に浸透するアメリカのうちに、人びとが平等でありつつも、なお「自由の精神」が息づいていることを発見する。それを可能にする仕組みとして、トクヴィルがアメリカに見出したのは、アメリカに固有の自然的・偶然的諸条件や宗教などの要因であり、また何よりアメリカの政治制度であった。特に、三権分立や連邦制、地方自治、司法制度などの制度的仕組みが重要だとされる。

トクヴィルによれば、アメリカでは、行政上の分権的な体制の下で、市民が身近な政治に個別的にかかわる機会をもつことができ、その積み重ねの上に政治が行われている。さらには市民が陪審制への参加を通して公共の事柄に関心をもつ機会があり、政治意識の向上がはかられている。要するに、アメリカにおいては、市民が私生活に閉じこもらずより広い公的な事柄について自ら参加し、学び、決めていくことが可能となっているというのである。そのため、市民は、多数者の専制に隷従することなく、自由かつ平等でありうる。民主政治の進展と個人の自由の関係は、条件次第で十分調和可能であるというのである。

以上みてきたように、19世紀の中葉にひとまず完成した民主政治の一形

態は、古代の直接民主制とは異なる代表（間接）民主制であり、また、自由主義の諸原理を内に含む自由民主主義であるという特徴をもつ（自由民主主義の成立に関連する歴史的流れについては表1-1を参照）。明治維新後の日本でも福澤諭吉や中江兆民（図1-3）等が欧米の自由主義や民主政治の諸理念を日本に導入する方途を模索した。こうした特徴をもつ民主政治は20世紀になるとファシズムと共産主義による大きな挑戦を受けることになるが、第2次世界大戦後、また、東西冷戦の終結後、あらためて、その基本原理を再確認することになる（◆第2章）。もちろん、社会条件や国による違いによって、民主政治の具体的な制度にはさまざまなヴァリエーションがある（◆第3章、第4章）。とはいえ、本章で示した基本原理が、日本を含む今日の多くの民主主義体制の根幹をなすことに変わりはないと言えよう。

コラム

棄権

「すべての人々が公的な事柄に参加するわけではない、というのはよく知られている。大統領選挙の年でさえ、合衆国の有権者は半数以下しか投票に行かない」。アメリカ20世紀前半に活躍した評論家のリップマンは、その著『幻の公衆』（1925年）で、投票に行かない「白けた人」の存在の多さを憂えた。男女普通選挙制度の実現は時間のかかる困難な闘いの成果であったが、1920年になり、ようやくそれが達成されたとき（ただし南部では黒人に対する事実上の制限が残存）、少なからぬ市民が棄権するという、期待を裏切るような実態が明らかになった。棄権という現象についての政治学者の本格的な分析もほぼ同じ頃に開始される。

　なぜ、貴重な権利である参政権をないがしろにする有権者がいるのか？今日の投票行動論研究においては、投票に参加しない市民がいるからといって、ただちにそうした者たちが公的な事柄に無関心で、自らの権利や利益に配慮することのない非合理的な存在であるとは決めつけない。有権者は、例えば、接戦であれば投票に行き、そうでなければ棄権しがちである。また、

競い合う複数の政党や候補者の示す政策にさほど大きな違いがないと考えれ
ば、投票参加に不熱心になる。政策について情報を集め、投票所に足を運ぶ
というコストを払う以上、相応の見返りを期待するというのは、当事者に即
してみるならば、それなりに合理的な行動であるともいえる（日本の投票率
の推移の分析は◆第5章第3節）。

　しかし、有権者の予想はしばしばはずれ、低調な投票率がときに選挙結果
に大きな影響を及ぼすこともまた事実である。特定の地域、特定の社会集団
の投票率が長期的に高く（または低く）推移する事態は、普通選挙が本来め
ざしていた、平等な市民の全員参加による全体の利益の追求という理念を損
ね、民主政治を空洞化させる。そもそも、代表制民主政治を支えるのは、一
人一人が投じる一票である。投票所に行き、投票するという行為には、ある
候補者に決めるという以前に、民主政治という決め方の仕組みを自らが責任
をもって担い、今後も維持・発展させていくという意思を表明するという側
面がある。投票参加とはその意味で、市民にとっての権利であると同時に義
務なのである。

（川出良枝）

［表1-1］　自由民主主義の成立（略年表）

前5世紀半ば頃	（ギ）ペリクレスによるアテネ民主制の完成
前4世紀前半	（ギ）プラトン『国家』執筆（アテネ民主制批判）
1215	（英）マグナ・カルタ
1628	（英）権利の請願
1649	（英）チャールズ1世処刑、共和政成立
1651	（英）ホッブズ『リヴァイアサン』
1660	（英）王政復古
1688	（英）名誉革命（-89）
1689	（英）ロック『寛容についての手紙』
1690	（英）ロック『統治二論』
1748	（仏）モンテスキュー『法の精神』

1762	（仏）ルソー『社会契約論』
1775	（米）アメリカ独立戦争（-83）
1776	（米）ペイン『コモン・センス』
	（英）アダム・スミス『国富論』
	（米）アメリカ独立宣言
1787	（米）アメリカ合衆国憲法制定（88発効）
	（米）ハミルトン、ジェイ、マディソン『ザ・フェデラリスト』連載開始（-88）
1789	（英）ベンサム『道徳および立法の諸原理序説』
	（仏）フランス革命、フランス人権宣言
1803	（米）違憲審査制の確立
1832	（英）第1次選挙法改正
1835, 40	（仏）トクヴィル『アメリカのデモクラシー』
1848	（仏）2月革命、男子普通選挙権
1861	（英）J. S. ミル『代議制統治論』
1868	（日）明治維新
1869	（米）ワイオミング州女性選挙権（選挙権のみ）
1870	（米）男子普通選挙権
1890	（日）帝国議会開設（-1947）
1893	（ニュージーランド）男女普通選挙権
1914	第1次世界大戦（-1918）
1917	（露）ロシア革命
1918	（英）男子普通選挙権（第4次選挙法改正）
1920	（米）男女普通選挙権（黒人の実質的な普通選挙権の実現は1965）
1925	（日）男子普通選挙権
1928	（英）男女普通選挙権（第5次選挙法改正）
1939	第2次世界大戦（-1945）
1944	（仏）男女普通選挙権
1945	（日）男女普通選挙権
1948	（国際連合）世界人権宣言

 第2章 民主政治の変容

多くの国が民主化の道を歩むに至り、今日では、民主政治は、他のどのような政治体制よりも正統性を誇っている。しかし、民主政治に賛成する者の間でも、民主政治とは何かという点で理解は分かれている。例えば、徳島市では2000年1月に公共事業の是非をめぐって住民投票が実施されたが、こうした決め方について、当時の大臣は、「民主主義のはき違え」、「民主主義における投票行動の誤作動」と発言し、これに対しては「民主主義を否定」しているとの批判が起こった。あるいは、かつて、共産主義諸国は「人民民主主義」を名乗り、西欧諸国ではなく自分たちの政治体制こそが「真の民主政治」であると主張していた。この章では、第1章を引き継いで、20世紀後半に至るまでの民主政治の展開の歴史をたどり、民主政治の理念をめぐるさまざまな理解と論争を確認しよう。

第22回衆議院議員総選挙投票所（1946年4月10日 四谷区役所（現新宿区））
写真提供：共同通信社

国民国家と民主政治

●民主政治の曖昧さ

20世紀は民主化の時代であり、民主政治を採用する国が増加した（図2-1）。ここでいう民主政治とは、古代型の民主政治ではなく、代表制を採用し、自由主義の理念を取り入れた近代の民主政治のことである（◆第1章）。民主政治を採用する国と非民主的な国を区別するため、しばしば、男女普通選挙や言論の自由といった制度を採用しているか否かという指標が用いられる（かつては男性の参政権しか考慮しない指標も用いられていた）。ところが、このような指標に基づいて民主的とされる国々においても、実際の政治運営や政治制度のすべてが民主的であるわけではない。

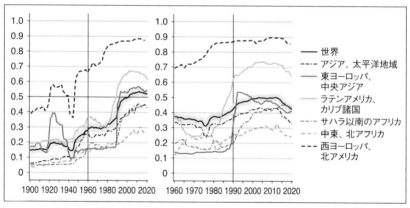

[図2-1]　民主化の進展（V-Dem選挙民主主義指標の世界平均、地域別平均）
出典：V-Dem Institute, *Democracy Report 2021*, p. 43.

　民主政治の実際の政治体制と、民主政治の理念との間には距離がある。アメリカの政治学者R. ダール（図2-5）は、実際の政治体制としての民主政治と、民主政治の理念を混同することを戒めて、民主政治という言葉は理念

を示す場合に限るべきであり、実際の政治体制については**ポリアーキー**（多元支配）と呼ぶことを提唱した（◆第3節）。民主的とされている政治体制においても、現実には完全に民主化されることはなく、すべての指標が満点なわけではない。また、行政機関、政党組織、軍隊には階層制が存在しているし、企業や学校は必ずしも民主的に編成されるわけではない。実際の政治体制が、民主政治の理念を完全に実現することは困難であり、民主的とみなされる現実の体制は民主政治の完成形でもなければ、唯一の形態でもない。第2次世界大戦後の日本で活躍した政治学者の丸山眞男は、「民主主義を既成の制度として、あるいは固定的なたてまえとしないで、不断に民主化してゆく過程として考える」ことを重視した（丸山 1996：89）。民主的な政治体制を採用している国においても、民主政治の理念に基づいて、「もっと民主的な」政治体制を構想することができる。

　では、民主政治の理念とは何か。理念としての民主政治とは全員で政治を行うことであり、それは、自分たちで自分たちを統治すること（**自己統治**）、支配する人間と支配される人間が一致すること（**統治者と被治者の同一性**）を意味する。民主政治の理念のなかには**政治的平等**という理念が含まれており、民主政治は、ある特定メンバーの政治的特権に基づいた政治とは相容れない。民主政治は、血統や能力や財産を問わずに、**市民権**（シチズンシップ）をもつすべてのメンバーに等しく政治的な権利を認める政治体制である。

　ほかの政治体制と比べて、民主政治が優れており**正統性**をそなえていることを説明する議論には、大きく分けて2つのタイプがある。第1のものは、民主政治において、どのような決定がなされてどのような結果がもたらされるにせよ、意思決定において政治的平等や**相互性**の原則が尊重されているという点を重視する。第2のものは、民主的な意思決定の仕組みを通して決定を行うと、他のなんらかの目的（多数の市民の利益や満足の実現、適切な情報をふまえた合理的な決定、自由や権利の着実な保障など）がうまく実現するという点に着目する。すなわち、全員が参加して決めること自体に価値（内在的価値）があるか、よりよい決定がなされるといった結果に価値（道

具的価値）があるか、という理解の違いである。

　民主政治の理念は、しばしば、「人民の、人民による、人民のための政治」というリンカーンの言葉を用いて説明される。上に示した２つの考えの違いは、ここで言う「**人民による政治**」と「**人民のための政治**」のどちらを重視するかという点の違いとみることもできる。「人民による政治」と「人民のための政治」は必ずしも一致しない。人民のためにならない「人民による政治」や、人民によらない「人民のための政治」の実例は、人類の歴史のなかに事欠かない。プラトンは、アテネの民主政治を批判して、全体の利益を促進する知識をもつ人間による政治（**哲人王統治**）を唱えた。プラトンの構想は、一部のエリートに政治的特権を与えることをめざすもので、およそ「人民による政治」とは言えないが、「人民のための政治」であるとは言える。となると、「人民のための政治」は独裁とも両立するということになりかねない。

　このように「人民の、人民による、人民のための政治」という民主政治の説明は、子細に検討すれば民主政治の理念のわかりにくさを示すものでもある。そもそもここで民主政治を担うとされている「人民」（people、民衆）からして、実は曖昧な概念である。「人民の意志」や「人民の利益」（**公共の利益**）という表現では、「人民」はあたかも単一の人格であって、単一の意志や利益をもつようである。しかし「人民」は、「わたし」や「あなた」と同じ意味で単一の人格ではなく、便宜的・人為的につくられた概念である。政治的な権利の上では平等であるにせよ、政治共同体の構成員の間には、多様性や不平等が存在する。「人民」は多様な個人から成り立っているが、政治の世界において「人民の意志」や「人民の利益」が語られるとき、擬制（フィクション）の作用によって、「人民」は、あたかも同質的な１つの人格とみなされる。政治共同体としての１つの意思決定を行う必要があるからである。

　「人民」という概念を考えるときには、このように、**多様性（多元性）**と**同質性**の関係をどう考えるかという問題を避けて通れない。このことは、民

主政治をどのように理解するかという問題にそのまま直結している。例えば、多様な個人のなかで**集合的意思決定**を行うときに、**多数決**を採用して、多数派の意見を「人民」の意見とみなすという方法は、多様性と同質性の関係をめぐる1つの解答の示し方である。しかし、単なる多数派の意志を人民の意志とみなすことに批判的なルソーのような論者もいる（●第1章第2節）。民主政治は「人民の意志」に基づいて「人民の利益」の実現をめざす政治であるが、多様性のなかで1つの決定を行うという難問のなかで、同質性を重視するか多様性を重視するかという点では理解が分かれている。理念をめぐる理解の違いは、実際の制度をめぐる理解の違いとなる。一方では、「人民」は同質的であるから、その意見や利益は一人の指導者や1つの政党が代表できるという見解もある。他方では、「人民」は多様であるから、それぞれの意見や利益を多元的に代表する（例えば複数の政党や利益団体が代表する）ことが必要である、あるいは、多様なのでそもそも誰かが誰かを代表することはできないという見解もある。

●民主政治とネイション

「人民」という概念や、民主政治の理念には、別の曖昧さもある。「われわれ」全員が政治に参加することが民主政治であるとして、どこまでがその「われわれ」に含まれるのだろうか。それをどうやって決めるのだろうか。これは、民主政治の単位をめぐる問題である。

　だれが「われわれ」かという問題について、近代の民主政治は、**ネイション（国民、民族）**という単位を前提にしてきた。ネイションとは、例えばフランス人やドイツ人と表現される集団の単位である。だが、ネイションとはどのような集団か、構成員に共通する属性は何かという問題は実はそれほど自明ではない。ネイションとは何かについては、この観念に注目が集まった当初から、さまざまな考えが存在した。この言葉が日本語で「民族」とも「国民」とも訳されるのは、こうした事情を反映しているとも言えよう。代表的な2つの見方を示すなら、第1の立場は、ネイションを言語、慣習、宗

教といった、客観的とみなされる固有の文化的属性を共有する集団と考える。第 2 の立場は、構成員の主体的な意識に着目する。ネイションとは、1 つのネイションでありたいという、政治共同体の構成員の選択と同意によってつくられる集団だというのである。ネイション（国民）とは「日々の人民投票である」とした 19 世紀フランスの著述家 E. ルナンがこのような立場の代表である。

　歴史的にみるなら、1 つのネイションが 1 つの政治共同体をつくるべき、つまりネイションという単位と政治の単位が重なるべきであるという考え方が一般的となったのは近代以降である。ネイションを土台とする近代の政治共同体を、都市国家や帝国といった他の国家形態と区別して、**国民国家（ネイション・ステイト）**と呼ぶ。東西ドイツが幾多の障害にもかかわらず冷戦の終焉後すぐ統合したり、朝鮮半島の 2 つの国家の統合が政治課題とされたりするのは、国民国家という発想が前提とされているからである。

　ネイションが政治における基礎的な集団となるにあたって大きな要因となったのが、おおよそ 18 世紀中葉から始まった**産業革命**と**民主革命**に伴って生じた政治的・経済的・社会的な変動である。E. ゲルナーによれば、産業化・工業化によって均質な労働力が大量に必要とされて、それまで身分制によって仕切られていた社会のなかで平準化が進み、ネイションという「われわれ」が生まれた。B. アンダーソンは、新聞・書籍などの印刷物が普及したことにネイションの発生原因を求めた。相互に見知らぬ多数の人の間でネイションが成立したのは、自分の身の回りで起きたわけでもない出来事を、時をおかずに共通の言語で伝える出版物が登場したからであり、そうしたメディアを通じて**「想像の共同体」**としてネイションがつくられていったというのである。政治的にみれば、**ナショナリズム**（ネイションとしての独立・統合、ネイションの発展を願う感情や運動）は、近代の民主政治の形成と密接に関連している。フランス革命は、近代の民主政治の出発点であるとともにナショナリズムの出発点である。近代の民主政治において、しばしば「人民」とはネイションを意味した。国民国家を前提とする民主政治においては、

人民主権と**国民主権**（ネイションの主権）は同一とされる（◐第 10 章第 1 節）。

　ネイションという集団が重要とみなされていくにつれて、その構成員の同質性が追求されて、「われわれ意識」が強化された。ネイションの同質化は、政府による「上から」の政策のみならず、マスメディアの発展や生活範囲の拡大によって「下から」も進行した。19 世紀は、産業化の進展に伴って**階級対立**や**社会問題**が顕在化した時代であり、そうした状況において「われわれ」の同質性を強調することには、階級対立や経済的不平等を覆い隠す機能があった。ネイションの同質化が進められた歴史的過程を**国民化**（ナショナライゼイション）の過程と呼ぶ。国民化のなかでは、ネイションの内部で言語を統一するための「国語」や、歴史解釈を画一化するための「国民史」（ナショナル・ヒストリー）が創られて、公教育制度を通じてネイションに広められた。「われわれ」の歴史を整備するなかで、ネイションは遠い過去から存在する集団とみなされるようになった。E. ホブズボウムによれば、今日ネイションの伝統と考えられているものの多くは、実は 19 世紀以降に発明されたものである（「創られた伝統」）。「われわれ」の同質性を追求した国民化のなかでは、他国民に対する排外主義的傾向が強まる一方、ネイションの内部においても、少数民族や方言の扱いに見られるように「われわれ」でない異質なものに対する排除と抑圧が生じた。

　20 世紀に、前線・銃後の区別なくネイションを総動員する**総力戦**が可能になったのは、国民化の過程の結果である。そのなかでは、動員と参加が表裏一体に進行して、制限選挙が次第に撤廃されて、女性を含む普遍的な選挙権が確立する動きもみられた。**福祉国家**の成立も、国民化の過程と無縁ではない。20 世紀後半において、富裕層から貧困層への所得の再分配を可能にして、相互扶助や連帯の理念を支えたのは、ネイションに基づく「われわれ」意識であった（◐第 3 章）。国民国家を前提にした民主化と国民化のなかで、政治共同休の組織化と同質化が進み、それを前提にして 20 世紀前半の**総動員体制**、20 世紀後半の福祉国家が成立したのである。

民主政治への挑戦

●大衆民主主義に対する懐疑

19世紀の末から20世紀の初頭、産業化によって都市が膨張すると、**大衆社会**が成立した。マス・コミュニケーションの成立と産業化に伴って画一的な生活様式が広まったことで、自らの判断に基づくのではなく、集団として画一的に行動する「大衆」が登場した。民主政治の主要な担い手がこうした大衆となった状態を、**大衆民主主義**と呼ぶ。それまでは、財産と教養のある人間が合理的な判断に基づいて政治を運営すると考えられていた。ところが、大衆社会に観察されたのは、人間の**非合理性**であった。非合理的な人間が政治を担うのであれば、民主政治の空洞化は避けがたい。しかも大衆は合理的な判断ができないばかりか、他人に容易に操られてしまう。大衆民主主義の到来が問いかけたのは、「人民による政治」は望ましいのか、「人民による政治」は本当に「人民のための政治」を実現するのかという問題であった。

イギリスの政治学者 G. ウォーラスやジャーナリスト出身のアメリカの理論家 W. リップマンは、人間の非合理性に着目したフロイトなどの心理学の影響を受けて、大衆民主主義に警告を発した。彼らは、人間が理性でなく本能、衝動、習慣に基づいて行動することを観察して、大衆の政治判断の非合理性を指摘した。ウォーラスによれば、大衆は、国旗や国歌、政党の名前や制服、政治家の顔に基づいて、刺激に対して条件反射するかのように政治判断を下しており、政治家はそこにつけ込んで、シンボルを巧みに用いて大衆を操縦している。ウォーラスは、心理学教育によって「人民による政治」の改善を期待した。リップマンは「人民による政治」にさらに悲観的だった。リップマンによれば、人間の能力は周りの環境の複雑さと比べてあまりに単純であり、大衆は、複雑な事柄については、できあいの色眼鏡（**ステレオタイプ**）を通して理解するにとどまる。複雑な世界をいちいち自分で理解する

のは手間がかかるし、世間で通用している色眼鏡を使って理解しておけば孤立しないからである。こうして頭の中に勝手に作られた環境のイメージ（「疑似環境」）に基づいて行動すれば、その判断や行動は非合理的なものにならざるをえない（▶第8章第1節）。リップマンは、判断力の点で問題のある大衆は、複雑な環境をあるがままに理解する能力をもつ政治エリートの判断に従うべきであると主張する。大衆民主主義に対する不信のなかでは、**エリート**への期待が高まった。

　民主政治は多数の愚か者による支配であるとしてエリート支配を正当化する議論は、政治学の歴史では珍しくないが、民主化が進行し、平等をめざす社会主義・共産主義が勢力を拡張するこの時代に、イタリアを主な舞台にしてエリート論が流行する。その代表的理論家として、G. モスカ、V. パレート、R. ミヘルスを挙げることができる。エリート論者は、「人民による政治」は望ましくないという以前に、そもそも存在したことはないし、少数のエリートによる支配は避けられないと主張した。彼らは、「民主政治という用語を厳密に解釈すれば、真の民主政治はかつて存在したことがなかったし、これからも決して存在しないであろう」というルソーの『社会契約論』の有名な文言を好んで引用した。

　イタリア出身の経済学者・社会学者であるパレートは、平等を掲げる共産主義革命が起きたとしても少数のエリートによる支配は揺らがず、大衆は利用される哀れな兵隊の役割を果たすだけであると論じた。人類史のさまざまな革命において実際に生じたのは、ある支配階級が別の支配階級に代わるだけの**エリートの周流**である。平等をめざすスローガンや政治思想ですらも、実際にはエリートが大衆を動員して支配を確立するための単なる道具にすぎないというのである。ドイツ出身でイタリアで活躍した政治学者ミヘルスは、かつて所属したドイツの社会民主党の分析を通じて、同様の結論を導いた。社会主義政党におけるエリート支配の実態にみられるように、大衆社会では組織が大規模になってその運営には専門的技能が必要となるために、どのような組織であってもエリート支配は免れがたい。ミヘルスはこれを**寡頭制支**

配の鉄則と名付けた（◐第6章コラム）。

　大衆民主主義への懐疑は、上述のウォーラスがそうであったように、必ずしも民主政治そのものを否定する方向に進んだわけではなかった。それは、エリートの存在を前提とする民主政治の形態を探求するという方向にも発展した。しかし、ファシスト党を率いたムッソリーニがパレートの議論を利用したところにみられるように、エリート主義の立場からの「人民による政治」批判が独裁と一定の親和性をもったこともまた事実である。

●議会制民主政治に対する懐疑

民主政治に対する20世紀前半におけるもう1つの批判は、議会制民主政治に対する批判であった。第1次世界大戦後にドイツに成立したヴァイマル（ワイマール）共和国は、当時としては最も民主的な政治体制であったが、議会が必ずしも十分に機能していない点を非難する論者も少なくなかった。社会学者のM.ヴェーバーが強い指導者の率いる民主政治の可能性を模索したのはその一例である。法学者のC.シュミットは、民主政治と議会制がもともとは無関係であったという歴史的事情を指摘しながら（◐第1章第2節）、民主政治と議会制を切り離して、「真の民主政治」を取り戻すべきと論じた。エリート論による大衆民主主義批判が、民主政治は不可能であると指摘したのに対して、シュミットは、近代の民主政治が自由主義の思想を取り入れて変質して多様性を尊重した点を批判した。

　シュミットによれば、公開の討論を本質とする議会制は、個を重視する自由主義の制度であり、民主政治とは異質である。民主政治とは平等なものを平等に、不平等なものは不平等に扱う理念であって、同質性こそが「真に徹底した民主主義」の本質である。シュミットは、ルソーの一般意志の概念を持ち出して、多様性ではなく同質性に着目する形で民主政治を理解する。彼は、政治共同体内の多様な団体や結社の役割を重視したイギリスの政治学者E.バーカーやH.ラスキ等の**多元的国家論**を批判する。シュミットによれば、そもそも政治とは、殺戮にすら行き着く**友と敵**の区別にかかわるものであり、

友を友たらしめる同質性を定義することが政治の営みである。議会制は「統治者と被治者の民主主義的同一性」を妨げており、喝采によって「直接に表現された」人民の意志を前にして議会は存在理由をもたない。民主政治は「統治者と被治者の同一性」を意味するから、むしろ独裁と両立可能である。共産主義であれファシズムであれ、独裁は「反自由主義であるが、しかし必ずしも反民主主義的であるわけではない」（シュミット 1972：24）。

　議会制民主政治、あるいは広く代表制民主政治一般に対する懐疑のなかで、20世紀の世界は、ファシズムと共産主義という**全体主義**の歴史を経験する。それらは、テロル（敵対者に対する組織的・集団的暴力）を用いて市民の自由を抑圧し、議会制民主政治に敵対したという点において、民主政治に対する批判者であり破壊者であった。しかし全体主義は、自分たちこそ真の民主政治を実現できると主張し、たしかに一面において民主政治の理念を継承していたと言えなくもない。民主政治は「われわれ」が担う政治であるが、全体主義は、人種や階級という概念を使って「われわれ」の一体感や同質性・平等性を強化しようとした。全体主義は、産業化と大衆化のなかで現実感覚や帰属意識を失った大衆に対して、**人種主義**や共産主義の**イデオロギー**（特定の集団が自らの立場を擁護するために形成した思想や信条の体系）を提供して、人々を人種や階級という同質的な集団へと動員した。人種主義は、別の集団との優劣は遺伝的・生物学的に決定されているとして劣位集団の排除をめざす思想であり、ナチスはこれを公式のイデオロギーとした。ナチスはアーリア人種の純血を守るという**優生思想**のもと、ユダヤ人らを排除・虐殺した。共産主義は、資本主義の発展とともに圧倒的多数となっていくとされた**プロレタリアート**（労働者）階級を「われわれ」と位置づけて、この階級の支配（**プロレタリア独裁**）を民主政治とみなした。人種闘争や階級闘争をめぐるこうしたイデオロギーは、「われわれ」の仲間意識を高める一方で、「われわれ」と敵の対立を煽り、敵とみなした人々の自由を国内外で抑圧して、凄惨な迫害や虐殺を生み出した。全体主義は、イデオロギーとテロルを武器にして一党独裁の統制支配をつくり上げたが、ただし同時にこれは、大

衆の動員や支持にも支えられていた（図2-2）。さまざまなマスメディアを駆使した大衆向けの**宣伝（プロパガンダ）**がその前提である（◖第8章第1節）。大衆社会を根無し草のようにさまよっていた大衆は、理性的な討議ではなく集会や祝祭に参加して、そこで指導者を喝采することで帰属意識を獲得した。

コラム

全体主義

実は、イタリアのファシズムを除くと、ドイツのナチス党やソ連の共産党が全体主義と自称したことはほとんどない。もともとこの言葉は、2つの世界大戦の間に現れた新しい独裁体制を、倫理的に否定的な意味を込めて総称する言葉として西ヨーロッパやアメリカで広まった。そしてこの言葉は、第2次世界大戦後、一方では政治学の言葉として定着したが、他方では冷戦の文脈の中で、反ソ連のイデオロギー的な意味で使われることも少なくなかった。つまり、ナチス・ドイツへの倫理的な非難をソ連に向けさせる効果を持ったのである。

　全体主義の特徴としては、独裁的指導者に率いられた単一政党の支配、公定のイデオロギーの強制、経済活動や宗教、文化、思想から余暇に至るまでを党と国家権力の統制下におこうとする強制的な画一化、そしてその手段としての暴力や強制収容所などが挙げられることが多い。たしかに、こうした特徴に着目すれば、全体主義は市民的自由や政治的自由が保障された自由民主主義の体制とはまったくの別物のはずである。

　ところが、自由民主主義体制の国々においても、全体主義的と呼びうる傾向が存在するという人々も少なくない。すなわち、画一化や自由の形骸化は、独裁者や一党独裁、公定イデオロギーや露骨な暴力などがなくても起こりうるというのである。例えば、かつての全体主義は政治権力が他のさまざまな社会的活動を画一化したのに対して、今日では科学技術と結びついた経済の力が政治を含む人々の生活を支配する「反転した全体主義」が生じているという論者もいる。ただし、こうした議論においては、全体主義という言葉は、

政治体制というよりも、より広く文明や社会のありかたを示すものとして使われている。

なお、全体主義と関連する概念で「権威主義」という概念がある。この概念はもともと、20世紀のスペインを長く支配したフランコの独裁政権のような体制を、イデオロギー的な政治的動員の強度の違いなどによって、ナチス・ドイツやソ連に典型的な全体主義と区別するために、政治学者のJ.リンスによって導入された。しかし今日では自由民主主義的でないとされるさまざまな政治体制を総称する言葉として、広く用いられている。

(川崎修)

全体主義体制では、「われわれ」の同質性がエリート支配を正当化した。「われわれ」は同質的であるがゆえ、「われわれ」の意見や利益は、ナチス、ファシスト党、共産党によって直接的に**代表**される。すなわち、議会制を通じた「人民による政治」ではなく、「われわれ」の意見や利益を正しく理解した**前衛**による「人民のための政治」によってこそ真の民主政治が達成されるというのである。全体主義はこのようにして民主政治の理念を利用したが、他方、自由主義と民主政治を結びつける自由民主主義と比較するならば、暴

[図2-2] **ナチスの動員**
©ullstein bild Dtl./Getty Images

力を用いて反対派を抑圧した全体主義には、自由や多様性を尊重する自由主義の要素が欠けていた。

なお、現代の政治で注目される**ポピュリズム**も、自由主義の要素が弱い民主政治の1つとみなすことができる。ポピュリズムは、マスメディアを駆使して有権者に直接訴えかける大衆迎合政治という意味で用いられる場合もあるが、今日の政治学では、人民の立場から、エリートによる腐敗した政治を批判する急進的な立場を意味することが一般的である。ヨーロッパでは今世紀に入った頃から、フランスやオーストリアなどで既成政党やEUを批判する政党や政治家が台頭し、イギリスではEU離脱の是非を問う2016年の**国民投票**において離脱派が勝利した（◆第10章第2節、コラム）。アメリカやブラジルなどでもポピュリズム型の大統領が当選した。反エリート主義としてのポピュリズムには、民主政治の理念と重なる部分があるが、他方で、ポピュリストの政治家や政党は、「われわれ」の一体性や同質性を強調して、自分たちだけが本当の民意（人民の意志）の代表であると主張して、民意や利害の多様性には否定的なことが多い。

❸ 民主政治の再定義

●民主政治の手続き化

「真の民主政治」を僭称した全体主義の悲惨な時代経験は、民主政治の理念をめぐる再検討を迫った。全体主義は、「人民による政治」を形ばかりのものにして、人民の同質性を強調することを通じて、独裁を「人民のための政治」として正当化した。こうした事態への反省から、「人民のための政治」が一人歩きして独裁権力によって好き勝手に利用されないように、「人民による政治」を政治過程に組み込むことが不可欠であった。また、「人民による政治」は同質的な人民の喝采ではなくて、**多元的な競争**と結びつく必要が

あった。いかに多数の人間が参加しても、競争や対立が許されず、異なる意見や利益を表明する自由がない政治体制は、民主政治とはみなしえなくなった。

第2次世界大戦後に民主政治の理解をめぐって圧倒的な影響を及ぼしたのはオーストリアやアメリカで活躍した経済学者・政治学者のJ. シュンペーター（図2-3）であった。シュンペーターは、同質性と直接性を強調する民主政治の理解に対して、民主政治論とエリート論を接合することを通じて、多元性と間接性を重視するモデルを提

[図2-3]　J. シュンペーター（1920年頃）
写真：IMAGNO／アフロ

示した。シュンペーターがまず批判したのは、「人民」の同質性を強調するルソー型の民主政治の理解である。民主政治は、「人民の意志」に基づく「人民の自己決定」ではない。人々は、身近な事柄についてならともかく、政治については無知であり、合理的・自律的な判断は期待できないからである。「人民の意志」や「公共の利益」はあらかじめ存在するのではなく、むしろ政治家がつくりだすものである。

こうした議論は大衆民主主義批判を受け継ぐものであるが、それまでのエリート論がエリートに政治を委ねるにとどまったのに対して、シュンペーターは、政治エリートと人々の関係を役割分業というかたちで整理し、「人民による政治」を限定的ながらも政治過程に組み込んだ。たしかに実質的・能動的に政治を担うのは政治エリート（政治家）であるが、人々は、競争する政治エリートのうちの誰に政治を委ねるかを選ぶ役割は果たすことができるというのである。他方、政治家は、「人民の投票を獲得するための競争的闘争」を通じて、政治的意思決定に際して力を得ることができる。つまり、シュンペーターによれば、複数の政治家が権力をめざして競争するなかで民衆が政治家を選び、その政治家に権力を正統的に授与する手続きが民主政治で

ある。ここで、「人民による政治」は、具体的な政策決定ではなく**指導者の選抜**に限定されるが、このモデルをあくまで支えているのは、政治的自由を前提にした政治エリートの多元的な競争である。実質的な競争と選択肢をなくならば、「人民による政治」は実質的な意味を失って、単なる「政治家による政治」に堕してしまう。

●民主政治におけるリーダーシップ

シュンペーターの民主政治論は、民主政治においても、**政治的リーダーシップ**について真剣に検討する必要を示した。民主政治の理念は政治的平等をめざすが、しかし、古代アテネの民主政治にペリクレスという優れた指導者がいたように、課題設定や政策提案にはリーダーシップが欠かせない。そこから、**民主的なリーダーシップ**とは何かという重要な問題が生じる（◆第4章、第7章）。

　さらに、20世紀前半の政治現象を理解するためにもリーダーやリーダーシップをめぐる分析は不可欠であった。アメリカの政治学者H.ラズウェルは、権力追求者が誕生するに至る心理的条件や、シンボル操作や宣伝（プロパガンダ）といった政治エリートの手段に注目した。プラトンの『国家』やマキアヴェッリの『君主論』のように、伝統的なリーダー論は、指導者個人の能力や特質に注目したが、ヒトラー、スターリン、ルーズベルトなどといったリーダーを比較する分析からは、リーダーシップの特質を論じるためには、集団の特質やリーダーシップ環境を無視できないという理解が生まれた（相互作用アプローチ）。支持者（フォロワー）との関係でリーダーシップを2つに分類することもできる。既存の政治体制を前提にして、地元への利益供与の代わりに票を獲得するなど、リーダーがフォロワーと交換を通じて利益を調整して組織維持をめざすタイプは、交換型の**制度的・代表的リーダーシップ**である。これに対して、制度の変革をめざしてリーダーが目的を設定してフォロワーを牽引したり動員したりするタイプは、変革型の**創造的リーダーシップ**である。

　民主政治において選挙で選ばれる議員は、「人民」の代表として、有権者と政策を取り結ぶ存在である。「人民」が多様性と同質性という2つの側面をもつことは、議員は何を代表する存在かという問題と結びついている。代表については、有権者の意向を代理する**委任代表**とみなす立場と、選挙区の有権者からは相対的に独立して、全体の利益に奉仕する**国民代表**とする立場の両極がある。これは、民主政治において「人民による政治」と「人民のための政治」の関係をどう考えるかという問題と関連している。

●多元主義としての自由民主主義

シュンペーターが政治エリートの競争に着目したのに対して、ダールは、むしろ「人民」の側に目を向け、アメリカの多元的な社会を前提にした民主政治のモデルを提示した。ダールは、実際に存在する民主体制をポリアーキーとして論じるにあたって、**公的異議申し立て**と**参加**（包括性）という2つの基準を示した（図2-4）（◆第1節）。ここでの公的異議申し立てとは、政治活動の自由が認められて政治的な対立や敵対が容認されることであり、多元性・複数性を意味する。ダールがこの2つの基準を別々に設定したのは、多くの人が政治に動員されたが政治的自由がなかった全体主義（「包括的抑圧体制」）の歴史的経験をふまえたからであった。

　ダールは、民主政治を「多数派の支配」とみなす理解を否定した。「人民」と呼べるほどに1つの明確な意志をもった多数派は、実は存在しないからである。多数派とは、さまざまな少数派がたまたま組み合わさってできた産物にすぎない。ダールの指摘をふまえるならば、選挙の結果として示される「国民の審判」や「民意」は、あくまで一人一人がそれぞれさまざまな思惑をもって投票した合算にすぎない。

　ダールは、マディソン（◆第1章第2節）に依拠しながらも、単に憲法上・制度上で権力が分立されるだけではなく、さまざまな**結社**や集団が存在する多元的社会を土台にした民主政治が望ましいと論じた。ダールは、アメリカ政治における利益集団の活動に着目して、民主政治を「複数の少数者に

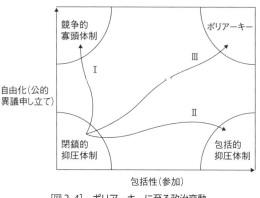

[図2-4] ポリアーキーに至る政治変動
（ダール 2014：14）

[図2-5] R.ダール
写真：Alamy／アフロ

よる政治」と捉えた。それは、多数派であれ少数派であれ、なんらかの集団が単一の意志に基づいて支配する政治ではない。ここでは、さまざまな集団が互いに牽制したり調整したりしながら政治過程で競争した結果として、政策が決まる。シュンペーターが競争を選挙と結びつけて政党政治に親和的なモデルを提示したのに対して、ダールは、競争を利益集団の日常的な政治活動と関連づけて、**多元主義**に基づく民主政治のモデルを示した（◆第7章）。さらにダールは、民主政治を成り立たせる条件として社会や経済の状況や政治文化のありかたも視野に入れて、民主政治と市場経済の緊張関係に注意を促すとともに、**市民教育**の重要性も指摘した。

　シュンペーターとダールによる民主政治の再定義は、20世紀後半以降広く受容されて、民主政治をめぐる議論の基本的な枠組みとなった。しかし、全体主義の反省をふまえた彼らの民主政治のモデルは、人々の政治参加にあまりに抑制的であるとの異議申し立てもなされており、民主政治をめぐる理論的模索はいまも継続している（◆第11章）。

コラム

多元主義

多くの人にとって多元性や多元主義というのは耳慣れない言葉だろう。しかし、20世紀の政治学では頻出の専門用語だ。哲学では価値観の多様性を示すことが多いが、政治学では異なる利益を持つ集団が複数あることを意味する場合が多い。20世紀前半の多元的国家論は、政府以外に労働組合や宗教団体も政治にかかわっていると説いた。20世紀後半にダールらが強調したのは、企業や利益集団による活動である。

　このように時代や論者によって注目する集団の種類や働きは違うのだが、多元的な諸集団と同質的な国家の関係を問う、という問題意識は共通している。したがって、多元的国家論者とシュミットの間の論争は、現在も続く多元主義をめぐる論争の原型とも言えるだろう。とはいえ、現代の論争の構図は、「多様性を重視する多元的国家論」対「同質性を重視するシュミット」というほど単純ではない。

　例えばベルギー出身の政治理論家であるC.ムフはシュミットを高く評価するが、それは独裁が望ましいからではない。シュミットの友と敵の区別という考え方を国家など政治共同体の内部にあてはめると、解消困難な激しい意見の対立に人々が気づくことができる、というのがムフの主張だ。逆に、多様性を重視する民主政治であっても、話し合いから生まれる合意を強調しすぎると、かえって多様性・多元性を抑えつけてしまう危険性がある、と論じられる。

　これは、20世紀後半になると多元主義が民主政治の一要素として当たり前のように組み込まれてしまった、という事情と関連している。ダールの議論はその代表例だ。たしかに、多様性・多元性を認める民主政治は望ましい。私たちも少数意見や個性を尊重するのは当然だと考える。だが、「もうこれで十分」というほど完成された多元主義はありうるのだろうか。フェミニズムや多文化主義の主張は、決して独裁的ではない今の民主政治においても、さらに多元的な多元性が必要なことを示しているのではないのだろうか（◆第11章）。

　もし多元主義を論ずる者が、自分自身の理想とする現在の多元性で満足してしまえば、それは逆に独裁に近づいていってしまう。逆に、友と敵との対立をあおって独裁を導くようなシュミットの議論が、自己満足に陥った多元主義者に注意を促し、民主政治を活性化させることもある。多元的国家論とシュミットの議論は、不倶戴天の敵のようにみえるが、実は民主政治に不可欠な車の両輪なのかもしれない。

（早川誠）

第3章 福祉と政治

「**高**福祉・高負担」か、「低福祉・低負担」か、はたまた「中福祉・中負担」か。現代の政策論争でよく耳にするスローガンである。日本を含む多くの先進国は、19世紀末から20世紀後半にかけて福祉国家と呼ばれるような体制を築き上げてきた。ここでいう福祉国家とは、産業化した社会におけるさまざまな問題に対処し、市民に基礎的な生活水準を保障するため、社会保障制度の充実や完全雇用の実現といった政策を積極的に推進する国家のことである。こうした福祉国家をどの程度まで、またどのような手段によって維持・拡大すべきか。そもそも国家が福祉サーヴィスを提供するという考え方に問題はないのか。さまざまな論点が交錯し、現代政治の一大争点となっている。

ベヴァリッジ報告
(1942年)
イギリス公文書館蔵

福祉国家の成立

●政府と市場

福祉政策のありかたが政治的争点になる場合、しばしば耳にするのが、**小さな政府**か**大きな政府**か、という対立である。大きな政府とは、政府が各種の事業を積極的に展開し、社会において広範な役割を果たすことを求める考え方である。そもそも、政府には、司法・警察・国防といった市民の安全の確保、道路・鉄道・電気・上下水道・通信網などの社会基盤の整備、財政金融政策による経済成長の促進・市場の安定化といった役割がある。だが、大きな政府の立場からみて特に重要とされるものは、教育・保健医療といった市民の生活基盤の整備、年金や公的医療保険など各種の福祉サーヴィスの提供である。そのための手段として、財源（租税・社会保険料）の確保、事業を展開する行政組織の拡大、事業の担い手（公務員）の増加が必要になる。

　他方、小さな政府とは、大きな政府を批判するところから生まれた考え方で、政府は政府にしかできない最低限の役割を果たせばよく、個人や民間団体や企業が担える事業はそれらに任せるべきだ、という発想である。「小さな」と言うだけあって、そこでは、財政規模の縮減（財源という点からみれば減税や社会保険料の軽減）、民営化、規制緩和、行政組織の縮小、公務員数の削減という政策が求められることになる。

　こうした2つの対立する見方は、そもそも、資本主義市場とはいかなるものか、政府は市場にどこまで介入すべきか、という政府と**市場**の関係をめぐる基本的な認識の相違に由来する。ここでは、政府と市場についての2つの見方を検討しよう。

　第1の市場観は、市場の**自動調節機能**を高く評価する。**完全競争**が実現している市場において、売り手も買い手も自らの利益を最大化するように行動するならば、そこには価格の自動調節機能が働いて、最適な資源配分が実現

する。また、自由な競争を通して経済成長が実現すれば、各人の所得水準も底上げされ、多くの者がより豊かな生活を享受できるようになる。なるほど、自由な競争を著しく妨げる違法な独占や寡占を規制する必要はあるし、市場に任せるとうまく供給できない性質をもつ財（公共財）も存在する。だが、そうした例外を除けば、政府の市場への介入は市場メカニズムを損ね、非効率な資源配分をもたらすものだというのである。

　第2の市場観は、市場メカニズムを不完全なものとみる。そもそも、現実の市場はおよそ理論上の完全競争市場とはかけ離れたもので、有力な独占的企業の存在、労使間の交渉力の差、情報や知識の不平等などで特徴づけられる。また、景気変動にさらされる市場に対しては、政府の適切な経済政策（**金融政策・財政政策**）が不可欠である。さらに、市場経済がもたらす著しい貧富の差は、**累進課税制度**を代表とする**所得の再分配**によって是正する必要がある。市場を維持するためにも、また、市場が解決できない問題に対処するためにも政府の市場への介入は不可欠だというのである。

　第1の市場観の延長線上には、政府の市場への介入を一切認めないという立場がある。第2の市場観をさらにラディカルなものにすれば、市場による資源の配分という制度そのものを廃止し、すべての財を一元的・計画的に分配すべきだとする社会主義・共産主義の立場となる。とはいえ、現代における社会保障をめぐる論争は、多くの場合、この両極の中間に位置するもので、第1の市場観と第2の市場観との関係も、二者択一的というよりは相対的な関係に立つことが多い。すなわち、どこまでを市場メカニズムにゆだね、どこまでを政府のコントロールにゆだねるべきかの微妙な舵取りが問われているのである。

●「見えざる手」から福祉国家へ

福祉国家（welfare state）と呼ばれる国家の形態は、いつ頃、どのように成立したのだろうか。福祉国家という言葉自体は、第2次世界大戦中に、「戦争国家」（warfare State）という語に対抗する用語としてイギリスで成立し

たといわれる。だが、その起源は歴史的にみるとはるか以前に遡る。イギリスを例にとれば、労働不能の貧しい人々に最低限の生活を保障する試みは16世紀中葉に始まり、1601年のエリザベス救貧法の制定によって国による統一的事業とされた。だが、全国民に何らかの形で福祉サーヴィスを提供することをめざす福祉国家ということに議論を限るなら、その建設は産業革命を経た19世紀後半に始まるとみるべきだろう。

　18世紀から19世紀にかけていち早く市場経済を発展させたイギリスでは、政府の市場への介入に批判的な見方が強く、**レッセ・フェール（自由放任）**と呼ばれる経済政策が支持された。こうした方針を理論づけたのが、18世紀イギリスの経済学者アダム・スミス（図3-1）による「見えざる手」の命題である。古典派経済学の古典となったその著『国富論』（1776年）において、スミスは、あらゆる個人は公共の利益を促進しようという意図もなければ、自分がどれだけそれを推進しているかも知らないまま、ただ、自分自身の利益だけを意図して行動するが、「見えざる手に導かれ、自分が意図してもみなかった目的を促進する」と述べた。経済活動の自由を強調するスミス流の考え方は、権力の制限によって個人の権利を保障しようとした自由主義の思潮（◆第1章第3節）との間に多くの共通点（個人主義的な人間や私的所有の重視など）をもち、**経済的自由主義**と呼ばれることもある。

　だが、産業革命を経験した諸国が直面したのは、こうした楽天的な調和とはかけ離れた市場の現実であった。低賃金、長時間労働、若年労働、失業、急速な都市化による居住環境の劣悪化など、労働問題・社会問題が噴出し、労働者による抗議運動が激化した。

　こうした状況に対し、最も根底的な批判を下したのが**社会主義・共産主義**思想である。19世紀ドイツの思想家カール・マルクス（図3-2）によれば私的所有に基づく資本主義経済は、労働によってはじめて自己実現を達成するという人間の本来的な姿をゆがめるものである。人間の解放のためには、生産手段の私的所有を廃止し、社会主義（共産主義）体制に移行しなければならない。資本主義体制下では生産手段を掌握するブルジョワジーが政治的支

配権を握っており、抑圧された被支配階級のプロレタリアートは共産党の下に団結し、革命という手段を用いてこれを打倒すべきであるというのである。また、マルクスの経済理論によれば、資本主義は内的必然性によっていずれ恐慌により破綻するとされた。こうしたマルクスの徹底した資本主義批判の理論は、やがて 1917 年のロシア革命をはじめとする社会主義革命を導き、ソビエト連邦（1922-1991 年）では、生産手段の国有化と政府による計画経済を軸とする社会主義経済体制が成立した（◆第 2 章第 2 節）。

　他方、西欧諸国においては、マルクスの資本主義批判から多大なる影響を受けつつも、革命という暴力的手段を用いることなく、議会制民主政治の枠内で漸進的に社会問題を解決しようという**社会民主主義**が台頭する。19 世紀末から 20 世紀初頭にかけて、ドイツ社会民主党、スウェーデン社会民主労働者党、イギリスの労働党、フランスの（旧）社会党が結成され、**労働組合**と連動しつつ、選挙による議席獲得を通して社会保障制度の充実や基幹産業の国有化の提言を行い、福祉国家建設の有力な担い手となっていく。

　労働運動の高まりに対し、政府の側も無策であったわけではない。イギリスでは、1833 年の工場法を皮切りに労働者保護のための立法が行われた。ビスマルク体制下のドイツでは 83 年に世界初の疾病保険が、その後さらに災害保険と老齢保険が導入された。社会主義運動の鎮圧の代償であり、労働者に恩恵を与え国家への忠誠を確保しようというパターナリスティックな性格をもつものだが、その仕組みは後に多くの国で施行されるようになる社会保険の原型となった。

●福祉国家の成立

19 世紀末から 20 世紀になると、福祉国家建設への要求は加速度的に高まり、また、福祉国家の必要性を根拠づけるための論拠も多様化する。イギリスでは、まず T. H. グリーン、ホブハウス、ホブソンといった理論家が、**新自由主義（ニュー・リベラリズム）**と呼ばれる議論を提起した。その名の通り、自由主義に固有の論理で貧困や失業の問題を解決しようという思想である。

グリーンは、自由主義の完成のためには、個人の自己実現と人格的成長を妨げる障害を国家が積極的に除去すべきだと主張した。初等教育、保健、住居、土地、労働条件といった生活の基本条件については、むしろ国家が積極的に介入すべきであり、共同善の実現のためには、所有権や契約の自由に一定の制限を課すべきだとされた。

　漸進的な社会主義的改革を求めてイギリスで設立されたフェビアン協会は、賃金・衛生・教育などの面で、国民に最低限度の生活（**ナショナル・ミニマム**）を保障すべきだと説き、後の労働党の福祉政策に影響を与えた。協会の理論的支柱を提供したウェッブ夫妻によれば、社会は一種の有機体であり、国家（とりわけ社会の法則に精通した国家官僚）がそれを効率的に管理することで、人間の能力が最大限に引き出されるというのである。

　フランスでは、連帯主義と呼ばれる議論が登場した。急進共和派の政治家レオン・ブルジョワが唱えたもので、老齢・病気・事故・失業を各人が相互に抱える統御不能のリスクと捉え、リスク回避のためにはさまざまな中間集団が共済組合を結成し、国家はそれらを間接的に補助すべきだとされた。

　1929年に発した世界恐慌は資本主義経済に深刻な打撃を与えた。自由放任型の経済政策への反省の機運が高まり、政府の市場への介入の必要性と合理性を論証しようという経済理論が登場した。イギリスの経済学者ケインズ（図3-3）による有効需要の理論がその代表である。主著『雇用・利子および貨幣の一般理論』（1936年）は、失業者を抱えたまま市場が均衡してしまう不況下においては、①公共事業や減税を柱とする積極的財政政策、②金融緩和による民間投資刺激策、③累進課税・相続税を通した所得再分配の強化などにより、不足している**有効需要**（貨幣的支出に裏付けられた需要）を政府の力で創出・増加させ、**完全雇用**を実現すべきだと主張した。有効需要の理論は、アメリカの**ニューディール政策**に一部取り入れられ一定の成果をあげる。第2次世界大戦後には、ケインズ、およびケインズ学派の理論は、アメリカ、イギリス、日本など、多くの国の経済政策に圧倒的な影響力を行使し、**ケインズ的福祉国家**とも呼ばれる政策類型を生み出した。

[図 3-1] A. スミス
写真：GRANGER.COM／アフロ

[図 3-2] K. マルクス
写真：Universal Images Group／アフロ

[図 3-3] J. M. ケインズ
© 時事

　社会福祉をめぐるさまざまな理論やアイデアが展開する中、第 2 次世界大戦後のイギリスでは、福祉国家の 1 つの完成形とも言える制度が導入された。経済学者ベヴァリッジが 1942 年に提出した報告書に基づき、労働党政権が導入した社会保障制度がそれである。**ベヴァリッジ報告**は、窮乏の克服による社会進歩の実現を目的としてかかげ、①職業を問わず、すべての人に対して**均一拠出・均一給付**の原則を適用する社会保険、②保険料を十分拠出できない者に資力調査を条件として、国庫負担による所得保障を行う国民扶助、③経済的余裕のある者が任意で加入する任意保険の 3 つを組み合わせることを提言した。また、児童の健全な育成や医療サーヴィスに対しても国が責任をもつべきだとする。こうした包括的な施策により、全国民にその生涯にわたって（「ゆりかごから墓場まで」）ナショナル・ミニマムを保障しようというのである。こうして確立したベヴァリッジ体制は、サッチャー政権（後述）による大規模な見直しがなされるまで、長きにわたって福祉国家の先進的モデルとして高い評価を得ることになる。

福祉国家の構造

●社会保障の仕組み

国家が国民に最低限度の生活を提供するために講じる政策や制度を、一般に**社会保障**という。ニューディール政策の一環として制定されたアメリカの社会保障法（1935 年）に由来する語である。社会保障を支える仕組みは、その財源に注目するなら、大きく 2 つに分けられる。

まず、**公的扶助**と呼ばれる仕組みがある。これは租税を財源とし、現金またはサーヴィスを提供するものである。日本では、病気や障害や長期の失業などによって十分な収入を得られない者に現金給付を行う生活保護制度がこれにあたる（日本の社会保障制度の分類は図 3-4 を参照）。先述のエリザベス救貧法を前身とするように、歴史的に古い方法であるが、給付の条件として所得や資力の調査を行う場合が多く、受給者に**スティグマ**（差別的刻印）を与えるという問題点が指摘されている。こうした資力調査なしで、または給付条件を大幅に緩和する形で税方式による給付を行う場合もあり、これを特に**社会扶助**と呼ぶこともある。日本では、児童福祉・障害福祉・老人福祉などの社会福祉制度（社会的弱者の自立を支援するための福祉サーヴィス）がこれに該当する。

もう 1 つの仕組みは**社会保険**である。これは、疾病、老齢、死亡、障害などのリスクに対し、あらかじめ保険料を払い、事故が起きた場合に給付を受ける仕組みである。任意に加入する民間の保険とは異なり、社会保険は被保険者の強制加入を原則とする。日本では、医療保険、年金保険、雇用（失業）保険などがこれに該当する。

社会保障の給付の仕組みの背後には、**普遍主義**と**選別主義**と呼ばれる 2 つの対照的な考え方がある。普遍主義とは、市民が疾病、老齢、失業など給付を必要とする状態になったら、市民としての当然の権利、すなわち社会権と

1 社会保険	医療保険 年金保険 雇用保険 労働者災害補償保険 介護保険
2 公的扶助	生活保護制度
3 社会福祉	（高齢者、障害者、母子家庭のための） 社会福祉 児童福祉　など
4 保健医療・公衆衛生	医療サービス 保健事業 母子保健 公衆衛生 難病・感染症対策　など

[図 3-4]　日本の社会保障制度一覧

して、無条件で給付が受けられるようにすべきだという考えである。選別主義とは、公的な給付は所得が一定水準以下の者に限るべきで、給付にあたって受給者の資力調査を求めるという考えである。公的扶助は選別主義に、社会扶助や社会保険は普遍主義に基づくことが多い。2つの考え方は、しばしば一国内で混在しているが、以下にみるように、相対的にみてこの2つの考え方のどちらが強いかが、各国の福祉政策のデザインに大きな影響を与える。

　福祉政策には、**公衆衛生**という、人間が健康に生活できるための条件を組織的に整備する活動も含まれる。その歴史は古いが、特に19世紀以降、感染症をはじめとする疾病の予防、医療体制の安定的供給などの課題に、国家や地方自治体、あるいは WHO（**世界保健機関**）のような国際機関が率先して関与するようになった。

●福祉国家の類型論

福祉国家は、それぞれの国の歴史的条件や社会経済構造との関係の中で形成されたものであり、先進国の社会保障制度にはかなりの違いがある。こうした違いを福祉国家の3類型として示したのがエスピン-アンデルセンである（『福祉資本主義の3つの世界』（1990年、邦訳2001年））。分類に際しての指標は、①個人や家族がどこまで市場の影響から独立して適切な生活水準を維持できるかという「脱商品化の指標」、②再分配の程度や所得の平等がどこまで社会階層の違いに影響されるかという「階層化の指標」の2つである。また、福祉の担い手が国家か、市場か、家族かという点も重要である。その結果、福祉国家は、**自由主義型**（アメリカ、カナダ、1980年代以降のイギリス）、**保守主義型**（ドイツ、フランス、イタリア）、**社会民主主義型**（スウェーデン、ノルウェー、オランダ）の3つに分類される。

　自由主義型は、脱商品化の程度が低く、階層化の程度が高い。公的な福祉サーヴィスは、生活困窮者を対象にする公的扶助が中心となる。中産階級以上の階層は、民間の保険や企業の提供する福祉、または社会保険に加入するなど、自らの責任と支出によってリスクにそなえるべきだとみなされる。すなわち、選別主義の傾向が強い。社会保障関連の政府支出は小さく、国による所得再分配の程度は低い。

　保守主義型は、脱商品化の程度がかなり高く、階層化の程度も比較的高い。中間団体や職域団体の勢力が大きい国にみられる形態で、公務員共済や産業分野ごとの労使協約など、職域別に編成される年金・医療保険が福祉を支える。勤労業績（どのような仕事に何年勤務したか）に応じて社会保障が給付されるという考え方が強い。

　社会民主主義型は、脱商品化の程度が高く、階層化の程度が低い。社会保障は所得水準や勤労業績とは無関係に、すべての市民が生涯にわたって均一に給付される権利であるという考えに基づく。すなわち、普遍主義の傾向が強い。社会保障関連の政府支出の規模が大きく、所得再分配の水準も高い。

　日本の福祉国家は、この類型のどこに位置づけられるのだろうか。エスピン - アンデルセンは、同書の邦訳の際に加えた序文において、階層化指標からみると保守主義、脱商品化指標からみると自由主義だが、完全雇用の実現という点では社会民主主義型と共通する側面をもち、また、福祉の担い手として家族の役割が大きい（儒教の影響が強い）という特徴をもつとしている。

　こうした類型論に対しては、エスピン - アンデルセン自身のその後の修正の試み（福祉の担い手として家族に依存しているか否かをはかる「脱家族化指標」の導入）も含めて、様々な発展的修正が提案されるなど、現在でも議論の出発点となる理論となっている。

●日本の福祉政策

戦後の日本は、日本国憲法第 25 条でうたわれる**生存権**の保障を実現するために、社会保障制度の整備と拡充をすすめていった。まず、1950 年の生活保護法（新法）により公的扶助の制度が確立する。さらに、自民党岸信介政権の下で、国民健康保険法と国民年金法が制定され、1960 年代前半には**国民皆保険、国民皆年金**が実現した。1973 年には、70 歳以上の老人医療費を無料にする老人医療費支給制度が導入される。これは革新自治体が先行して施行した制度を取り入れたものであった。同年は福祉元年とも呼ばれ、この時期に日本の社会保障制度は大幅に拡充された。だが、この頃より福祉見直し論も唱えられるようになった。1979 年に発表された新経済社会 7 ヵ年計画の中で、政府は**日本型福祉社会**の構想をかかげた。それによると、日本のめざす福祉とは「個人の自助努力と家庭や近隣・地域社会等の連帯」を基盤とするものとされ、政府の社会保障支出の抑制が提言された。80 年代に入ると、こうした見直し論は、**第 2 次臨時行政調査会**（◆第 7 章第 2 節）における「活力ある福祉社会の実現」という基本理念に受け継がれ、70 歳以上の高齢者に医療費の一部自己負担を課す老人保健法（1982 年）などが制定された。

　こうして成立した日本型福祉社会の特徴は、以下のようにまとめることが

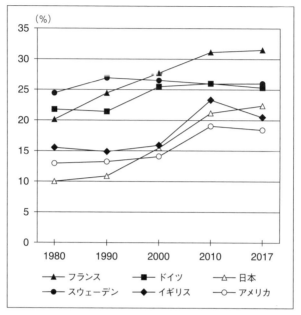

[図3-5] 主要国の社会支出（GDP比）の推移（1980-2017）

注：OECD基準の社会支出は、社会保障給付費の他、施設整備費などの直接個人に移転されない費用も含む。

出典：OECD（1980-2017）https://stats.oecd.org/Index.aspx?datasetcode=SOCX_AGG

できる。福祉を支える医療・年金保険は、民間企業の従業員、一次産業従事者・自営業者、公務員といった職域別の保険を元に、男性稼ぎ主とその扶養家族という家族形態を前提として編成されてきた。高齢者の介護は家族にゆだねられる傾向が強い。GDP（国民経済総生産）に占める社会保障給付費はOECD諸国の中でも低く（図3-5）、他方、国民の税負担・社会保障負担も低いレベルにあった（表3-1）。失業率は低く推移し、**終身雇用**制度の下、大企業の社員や公務員の世帯には手厚い企業福祉が提供された。安定した雇用の確保を通して少ない社会保障支出にもかかわらず国民の生活水準を維持する仕組みであったとみることができよう。

　しかし、90年代に入って、こうした日本型福祉制度は危機に直面する。まず、激化する国際競争に対応するため、企業が**非正規雇用**を増加させ、長

[表 3-1] 国民負担率（国民所得に対する租税負担率と社会保障負担率の合計）の推移

国民負担率	1970 年	1980 年	1990 年	2000 年	2010 年	2018 年
日本	24.3%	30.5%	38.4%	35.6%	37.2%	44.3%
アメリカ	32.8%	33.1%	34.0%	35.6%	30.6%	31.8%
イギリス	47.2%	49.2%	45.1%	45.1%	45.4%	47.8%
ドイツ	39.5%	47.4%	44.6%	54.9%	51.6%	54.9%
フランス	44.9%	56.6%	58.9%	62.4%	61.5%	68.3%

（出所）OECD "National Accounts"、"Revenue Statistics"、内閣府「国民経済計算」等
（注）ドイツの数値は、1990 年までは旧西ドイツベースのもの、2000 年以降は全ドイツベースのもの。
（協力）財務省大臣官房総合政策課情報管理係

期的雇用慣行に支えられたいわゆる**日本型経営**からの脱却が進行する。橋本龍太郎政権や小泉純一郎政権における**構造改革**路線は、こうした流れを加速させた。他方、**少子高齢化**が急速に進み、長引く不況により十分な歳入が確保できない状況で年金・医療費など社会保障給付費が増加し（図3-5）、国の財政収支の悪化の一因となる。**女性の就労**も増加し、専業主婦の存在を前提とした制度の見直しが迫られている。高齢者等の介護を脱家族化（社会化）すべきだという要請も強まり、2000 年には介護保険制度が導入された。

　民主党政権下では、子育て中の世帯への支援策として、給付にあたっての所得制限を撤廃した「子ども手当」が 2010 年に導入された。普遍主義的な性格の福祉を拡充する試みであったが、税源の確保という難問を前に、2012 年からは所得制限が復活した（現「児童手当」）。社会保障の安定的財源となることを期して、2014 年には消費税率が 8% に、2019 年には 10% に増税された。国民の税負担・社会保障負担は上昇傾向にある（表 3-1）。

　一国における**経済格差**（貧富の差）をどこまで是正すべきかという問題は、福祉政策を考える上で重要な論点である。OECD の算定している**相対的貧困率**（家計の人数で調整された「等価可処分所得の中央値」の半分に満たない所得しか得ていない人の総人口に占める割合）によると（2020 年公表データ）、米国は 18%、日本は 15.7%、ドイツは 9.8%、スウェーデンは 9.3% であり、日本の貧困率は先進国の中でも高い位置にある。

　課題が山積する中、これからの福祉国家・福祉社会をどう設計していくべきか。多角的な観点から議論を重ねていく必要がある。

③ 福祉国家をめぐる論争

●平等主義的自由主義

第2次世界大戦後、程度の差こそあれ、多くの西洋諸国が福祉国家の拡充を推し進めた。それに伴い、国家が責任をもって国民に福祉を提供することの正統性や是非を理論的に考察する動きも活発化した。以下では、主として英米における1970年代以降の論争を検討しよう。

　社会民主主義が福祉国家建設推進の一翼を担った西欧諸国とは異なり、戦後のアメリカ、とりわけ民主党政権においては、先述のように、ケインズの経済理論をもとに、社会保障制度の充実や所得の再分配を正当づけるという方向性が打ち出される。今日アメリカで、**リベラル**、ないしは**リベラリズム**といわれる場合、それは、自由主義一般というよりは、このような限定された立場をさす（正確を期すため**平等主義的自由主義**とも呼ばれている）。

　アメリカの政治理論家ジョン・ロールズ（図3-6）の『正義論』（1971年初版）は、こうしたアメリカ的な意味でのリベラリズムを本格的な政治理論へと昇華させようという試みであった。そこで、ロールズは以下のような推論を展開する。人びとが、自分の社会的地位や経済状況や能力の程度や性格の特性や価値観等について一切の知識をもたない状態で、なんらかの社会的なルールをつくろうとすると想定する（「**無知のヴェール**」）。そこでは、各人は競争に勝利した場合に多くの価値を得られるが、負けた場合著しく不利になるような分配のルールよりは、勝っても負けてもそれほど極端な差の生じないような分配のルールを選択するであろう（**マキシミン・ルール**）。

　ロールズは以上のような設定から、①人びとは基本的自由に対して平等な

［図3-6］ J. ロールズ　　　　［図3-7］ R. ノージック
©Harvard University News Office　©Harvard University News Office

権利をもつ（「**平等な自由の原理**」）、②社会的・経済的不平等は、それが最も恵まれていない人びとの最大の利益になり（「**格差原理**」）、機会均等が徹底している（「**公正な機会均等原理**」）という条件が満たされる場合にしか認められないという2つの正義の原理を導き出した。平等な自由の原理とは具体的には自由権や参政権を指すもので、公正な機会均等原理も含めて両者は古典的自由主義の理念を継承するものである。だが、ロールズの議論の眼目は、そこに新たに格差原理を加えたところにある。この格差原理によって、政府による積極的な不平等是正政策は、自由権や参政権や機会均等と同様、あくまでも個人が合理的な判断の結果として選択する原理であると位置づけられたのである。

　後にロールズは『正義論』に改訂を加え、長期的な世代間の公平の問題にも目を向けた。分配のルールを決めるにあたり、将来世代に残す貯蓄分も考慮すべきであるという「**貯蓄原理**」が加えられた。また、ロールズ自身はその格差原理を一国内の不平等の是正のための指針とするにとどめたが、これを国際的な富の分配の不平等を是正するための原理としても活用し、さらに発展させようという流れも生まれた（**グローバル正義論**）。

●リバタリアニズムの挑戦

しかしながら、ロールズが『正義論』を世に送り出した後、ほどなくして、平等主義的自由主義は厳しい批判にさらされることとなる。経済理論の上ではケインズ主義の信用が失墜し、経済学者のミルトン・フリードマン等、自由競争のもたらす技術革新を高く評価する議論が台頭する。政治理論においても、個人の自由と権利を擁護するという立場から福祉国家の見直しを迫る議論が輩出する。この動きは、アメリカではリベラリズムと区別するために特に**リバタリアニズム**（**自由尊重主義**）と呼ばれることが多い。

その理論的支柱の１つとなったのが、オーストリア出身の経済学者・社会理論家フリードリッヒ A. ハイエクが、その著『隷従への道』（1944 年）で提起した「**自生的秩序**」という概念である。自生的秩序とは、人間が意図して作り上げたのではなく、人間の行為の累積が結果として作り上げた合目的な秩序のことであり、市場はその典型である。限定的な知識が一般の人びとの間に分散し、その知識を相互に共同利用することで成立するものである。これに対し、秩序を合理的に設計しなおそうという発想（**設計主義**（**構成主義**））は、自生的秩序を破壊し、社会主義やファシズムを生み出す危険な試みだというのである。こうした議論は、第２次世界大戦中に全体主義批判のために展開されたものだが、1970 年代以降、福祉国家批判に有力な論拠を提供するものとして再評価されることになる。

また、代表的な自由尊重主義者とされるアメリカのロバート・ノージック（図 3-7）は、『アナーキー・国家・ユートピア』（1974 年）において、ジョン・ロックの古典的自由主義を模範としつつ、ロールズの議論に正面から反論を加え、私的所有をはじめとする個人の権利は絶対的に尊重すべきだという立場を鮮明にする。ノージックによれば、勤労収入に対する課税を通した所得の再分配とは、強制労働となんら変わることのない権利の侵害である。国家は、生命や契約や所有権に対する個人の権利を防衛するという、ごく限定的な役割のみを果たせば良い。ノージックはこれを**最小国家**と名付ける。

福祉国家が提供してきた一連の公共サーヴィスは、もしそれに類するものが必要であるなら、民間の組織によるサーヴィス提供で十分代替可能であるというのである。

　このようにロールズとノージックは、あくまでも個人の自由な判断を出発点とするという点で共通しながら、それぞれの論理の帰結として、一方は福祉国家を、他方は最小国家を擁護したのである。

●グローバル化と21世紀の福祉国家

リバタリアニズム的な自由主義による福祉国家批判は、実際の政治過程においては、小さな政府の立場からの大きな政府批判という形で、1980年代以降、多くの西側先進諸国における主要な政治的争点の1つとなった。イギリスのサッチャー政権、アメリカのレーガン政権が社会保障の大胆な見直しと公的部門の縮小を提言し、小さな政府の実現をはかる。また、特に90年代以降、貿易、資金、労働力、情報といった様々な局面で経済のグローバル化が進展すると、国民国家を単位として形成されてきた既存の福祉政策・雇用政策との間に様々な対立が生じた。国際的な共通ルールの下で自由競争をさらに推進するためには、それぞれの国が独自に講じてきた規制を撤廃すべきだという要求が本格化する（いわゆる**新自由主義（ネオ・リベラリズム）**）。80年代後半から、イギリスやアメリカは、金融自由化をはじめとする**規制緩和**を断行し、90年代後半以降、日本でも上述の構造改革路線の下で、経済自由化政策が行われた。

　小さな政府を推進する動きが活発化する一方で、新たな形での福祉を模索する動きも生まれた。福祉国家に対しては、福祉サーヴィスの供給を国に一元化するため、高コスト、非効率、官僚主義の弊害があるといった批判が加えられてきた。こういった批判を受け、受益者の多様なニーズに応じた効率的なサーヴィスを提供するには、営利・非営利を問わず民間部門の役割を積極的に導入し、それを公共部門の役割と組み合わせた形で福祉を再編成すべきだという議論が登場した（**福祉多元主義**）。1997年に成立したイギリスの

ブレア労働党政権は、サッチャー以降の保守党政権による新自由主義とも旧来型の労働党の福祉政策とも異なる**第三の道**というスローガンを提示し、教育による機会均等の促進、積極的就労支援策、官民連携による公共サーヴィス、地方分権の推進などを試みた。その成果をどう評価するかは別として、21世紀における福祉の問題を考えるとき、小さな政府か大きな政府かという単純な二項対立だけではもはや不十分であることは確かである。

　グローバル化した市場に対しては、これが世界全体の安定的な経済成長をもたらすという楽観的な見方を示す論者もいる。だが、アメリカにおけるサブプライム住宅ローン問題（2007年）に端を発する世界大の金融危機（◆第10章第3節）にみられるように、グローバル化した市場が景気後退のリスクと無縁なわけではない。厳しい不況下においては福祉政策へのニーズが高まるが、グローバル化によって、政府が一国内で独自の経済政策を講じることが困難になるといった状況も生じる。世界的な経済成長により先進国と発展途上国との間の経済格差が減少傾向にあるのに対し、一部の先進国においては、国内の経済格差が以前よりも深刻化しているという指摘もある。

　21世紀の福祉政策は、一国内での、また現行世代のみを対象とする分配の正義のみならず、人類全体の幸福と公正、および将来世代の安定的な生存の確保という課題を真剣に考慮しながら形成していく必要がある。**地球温暖化**の防止や資源・エネルギーの適正配分など、地球環境を保全し、将来にわたって持続可能な社会をつくる取り組みは、国境を越えた合意形成なしには前進しない。**SDGs**（**持続可能な開発目標**）もその有力な枠組みの1つであろう（◆第10章第3節）。2020年3月にはWHOにより新型コロナウイルス感染症（COVID-19）の**パンデミック**（世界的流行）が宣言された。地球大の感染爆発という危機を乗り越え、人類の健康と安全を維持するためにも各国の協調は不可欠である。

　複雑化が加速する状況の中で、国民の間にコンセンサスを形成し、どのような舵取りによって充実した福祉サーヴィスを実現していくべきか。政治のイニシアティブがますます問われていると言えよう。

コラム
自由主義、リベラリズム、新自由主義

今日、自由主義という語は、用いられる文脈によって相当異なる意味で用いられる。本来自由主義はリベラリズム（liberalism）という英語の訳である。だが、今日では、自由主義とは別個にカタカナのリベラリズムという語もしばしば用いられる。それぞれに、「新」とか「ネオ」といった形容詞が付されることもある。混乱を避けるため、ここで簡単な整理を試みよう。

　自由主義は、一般的な意味としては、権力、とりわけ国家権力の濫用や侵害から個人の自由の領域を守ろうとする思想のことをさし、それは、おおむね、16 世紀から 19 世紀にかけて成立した（◆第 1 章第 3 節）。こうした古典的な自由主義は、身体・生命の安全、内面の自由や表現の自由を不可侵の権利として掲げてきたが、それと並んで、私的所有権（財産権）の保障や経済活動の自由という原則をも掲げるようになった（経済的自由主義）。ところが、本章でみたように、19 世紀末から 20 世紀になり、深刻な社会問題の発生を経験すると、自由主義者の間でも、古典的な自由主義を修正・改良しようという試みが活発化する。イギリスの新自由主義やケインズ主義がその例である。ちなみに、ここでいう新自由主義の原語は New Liberalism であり、同じく新自由主義と訳される、後述のネオ・リベラリズム（Neoliberalism）と混同しないようにしよう。現代のアメリカにおいては、このような修正された自由主義の発想をもっぱら「リベラル」と呼ぶ傾向が強く、共和党が打ち出す保守主義対民主党が打ち出すリベラリズムという対立図式が成立する。アメリカのリベラリズムは、個人の権利のよりよき保障という自由主義的な論理の枠内で、政府が積極的に所得の再分配を行い、人種間・男女間などに存在する差別や不公正を是正しようという方向性をもつ。現代の日本では、これを自由主義と訳さず、リベラル、リベラリズムと表記することが多い。

　ところが、こうした平等主義的な自由主義に対し、リバタリアニズム（自由尊重主義）が再批判を加え、本来の古典的自由主義の精神を歪曲するものだとしてこれを批判した。1980 年代後半になると、従来の国民国家という枠組みを越え、世界規模での自由な経済活動をめざす動きも活発化する。こう

した動向を平等主義的自由主義などの既存の自由主義から区別するために、あらたに新自由主義（ネオ・リベラリズム）という呼び名も登場する。

　図式化して示すなら、16世紀から19世紀にかけての古典的自由主義、20世紀になり、それを修正して登場した新自由主義^{ニュー・リベラリズム}やアメリカの平等主義的自由主義、20世紀後半以降、さらにそれを修正しようとしたリバタリアン的自由主義や新自由主義^{ネオ・リベラリズム}と整理することができる。

　さらに、リベラリズムは国際政治学・国際関係論においても、独特な立場を表す語である（◆第10章第1節）。そこにおいて、リベラリズム（自由主義、国際協調主義などと訳される）とは、国際関係における相互依存や協調を重視する立場のことをさし、リアリズム（国際関係においては、対立が常態であるとみなす立場）と対比される。　　　　　　　　　　　　（川出良枝）

 民主政治のさまざまな仕組み

　ひとくちに民主政治といっても、さまざまな仕組みがある。全有権者が直接に政治的意思決定に参加する直接民主制と、選挙によって選ばれた代表によって政治的決定がなされる間接民主制（代表民主制）があるが（◆第1章第1節）、大規模化・複雑化した現代の社会では、直接民主制の実現は困難である。そのため現存する民主政治のほとんどは代表民主制の形をとっているが、これには大きく分けると議院内閣制と大統領制の2つのタイプがある。本章では、この2タイプの仕組みが持つ特徴を比較した後、日本における議院内閣制の展開を見てみよう。その上で、少々異なった角度からの民主政治の分類（多数決型民主政治と合意型民主政治）についても言及する。

民主主義のためのサミット（2021年、オンライン開催）。背中は米国のバイデン大統領。
写真：AP／アフロ

議院内閣制と大統領制

●議院内閣制

議院内閣制はイギリスや日本で採用されている仕組みであるが、大統領制との大きな違いは、立法府と行政府の関係にある（図4-1）。議院内閣制では、選挙で選ばれた議員が議会（立法府）を構成した上で、議会の多数派から首相が指名され、その首相が他の国務大臣を任命して内閣（行政府）を形成する。一方、大統領制では、立法府を構成する議員の選挙とは別に、行政府の長である大統領が国民によって直接に選出される。すなわち、議院内閣制とは、内閣の存立が**議会の信任**に基づいている制度である。イギリスでは下院、日本では衆議院で内閣不信任が決議された場合、内閣は下院（衆議院）を解散しない限り、総辞職しなくてはならない。日本国憲法でも「内閣は、行政権の行使について、国会に対し連帯して責任を負ふ」（第66条第3項）と規定されているとおり、内閣は議会に対して連帯責任を負うのである。

　議院内閣制の母国はイギリスである。そもそも内閣とは国王の諮問機関であったが、名誉革命直後の1695年に下院の多数党であったホイッグ党が単独内閣を組織し、下院の多数派に基礎を置く政党内閣が成立した。1742年には、ホイッグ党の首相ウォルポールが議会下院で信任を失い、国王ジョージ2世の慰留があったにもかかわらず辞職した。この事件によって、下院の不信任により内閣が辞職する慣習が始まったとされる。また、1766年にロッキンガム内閣が議会での不信任により総辞職したことが、連帯責任により内閣が総辞職する慣習の初めとされる。こうして18世紀には、内閣が議会のみに責任を負う**議院内閣制**が成立した。

　現在の議院内閣制においては、行政権と立法権が融合する傾向にある。議会で首相を指名するため、通常は多数をとった政党の党首が首相になり、与党議員が閣僚となって内閣を構成する。すなわち、多数党は議会だけでなく

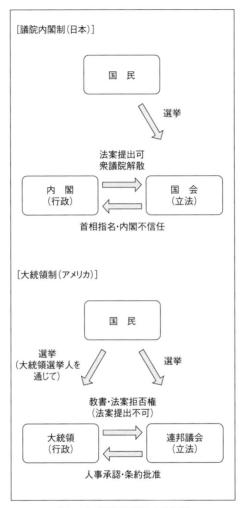

[図4-1] 議院内閣制と大統領制

　内閣をもコントロールする。多数党が媒介となって、行政権と立法権が一体化するのである。

　こうした行政権と立法権の関係は、立法権の優位から行政権の優位へと歴史的に変化してきた（立法国家から**行政国家**への転換）。19世紀以前は、議

会における議員の自由な討議と投票に基づく立法活動が国家活動の中心であり、行政権の役割は議会が制定した法律を執行することに限定されていたが、特に20世紀以降、社会の複雑化と国家機能の増大により官僚制が強化されたことや、政党規律（議員が所属政党の方針に従って一体的に行動すること）が強まったことに伴い、行政権の役割が大きくなってきた。行政府により起草された法案のほとんどが、議会で多数を占める与党の賛成により成立するようになったのである。すなわち、議会が内閣に指示を与えるのではなく、内閣が議会多数派を指導するようになったともいえる。このことを端的に示すのが立法における内閣の役割の大きさである。議会への法案提出は内閣と国会議員のどちらでも行うことができるが（それぞれ内閣提出法案と議員提出法案と呼ぶ）、成立するのは内閣提出法案が圧倒的に多い。例えば、日本の2020年の通常国会では、新規の法案提出件数116件のうち、内閣提出は59件であった。成立件数を見ると、総数63件のうち55件は内閣提出によるものであった。また、内閣不信任案が提出された場合も通常は与党の反対多数で否決されるので、不信任が成立することはまれである。

●大統領制

大統領制の場合、国民から直接選出される大統領は、議会でなく国民に対して責任を負う。また、立法権と行政権の融合を特徴とする議院内閣制に対して、大統領制は両権の厳格な分立が特徴である。典型例としての米国の制度は次のようなものである。

　大統領選挙は4年に一度行われる。国民は州ごとに大統領選挙人に対して投票し、この大統領選挙人が大統領と副大統領を選出する。しかし、ほとんどの大統領選挙人が投票先を事前に表明しているため、実質的には国民が直接に大統領を選挙するものと考えて差し支えない。そして、大統領が各省長官を選任する。大統領と各省長官の集まりを内閣と呼ぶこともあるが、議院内閣制では内閣という合議体に行政権が属するのに対し、大統領制では大統領個人に行政権が所属する。

　大統領と議会の関係では、大統領は、議会に対する法案提出権を持たない。大統領が議会での審議に関与できるのは、基本的政策や予算・法案について議会へ報告・勧告を行う「教書」の形のみである。一方、大統領は、議会で可決された法案に対して拒否権を持つ。その法案に賛成する場合には大統領は署名するが、反対の場合には署名せずに議会に差し戻す。上下両院がそれぞれ3分の2以上の多数で再議決すれば大統領の拒否権は覆されるが、そうでない場合にはその法案は成立しない。また、大統領は議会を解散する権限を持たない。その一方で、大統領は、犯罪等について弾劾の訴追を受け、有罪の判決を受けたとき以外は、議会によって罷免されることはない[1]。

　このように、米国の政治制度は**抑制と均衡**の原理が基礎となっている。こうした仕組みが成立したのには建国時の歴史が影響している。1776年の独立を機に各州で憲法が制定されたが、この時期の州憲法は行政府（知事）に対して議会の力が強く、各州で議会の多数派による独走が見られた。こうした事態への懸念もあって、1787年に起草されたアメリカ合衆国憲法案では、立法府・行政府・司法府の間に厳格な**権力分立**が導入された。この憲法が発効するには各州で批准される必要があったため、ハミルトン、ジェイ、マディソンの3人は憲法案を擁護する論陣を張った。その諸論文はまとめて「フェデラリスト・ペーパーズ」と呼ばれており、米国の政治制度を支える哲学を論じたものとして、同国の政治思想史上重要な位置を占めている。この文書では、議会に対する行政府の力を強めることや、立法が憲法に違反していないか審査する権限を司法府に与えることなど、多数派の専制を抑えて人民の権利を保護するために抑制と均衡の原理に基づいた制度を導入すべきことが主張されている[2]。

　このほか、韓国やラテンアメリカ諸国も大統領制を採用している。韓国では、1987年制定の憲法により、国民の直接選挙により大統領が選出される

---

[1]　下院の訴追に基づき上院が弾劾裁判を行い、出席議員の3分の2以上の同意によって有罪の判決が下される。

[2]　もっとも、合衆国憲法には司法審査に関する明文の規定は入れられなかった。司法審査の制度は判例により確立された。

ことが規定されている。大統領の任期は５年であり、違法行為で国会により
弾劾されない限り、罷免されない。その一方で大統領も国会の解散権を持た
ない。大統領は、政府の最高指揮権をはじめとして、法律案への拒否権や緊
急命令権（非常事態において国会召集ができない場合に法律の効力を持つ命
令を発する権限）など、強力な権限を有している。立法権は国会に属するが、
法案提出権は国会議員だけでなく政府（行政部処長官）にも与えられている。
ブラジルやペルーなどラテンアメリカ諸国の大統領も、法律と同等の効力を
持つ命令を発する権限を持つなど、立法府に対して強い権限を持っている。

　ところで、議院内閣制における首相よりも、大統領の方が強力なリーダー
シップを発揮できると言われることがある。しかし、各国の制度的・歴史的
な諸条件により異なるものの、実は、行政権と立法権が融合している議院内
閣制の方が、両権が分立している大統領制よりもリーダーシップ発揮には有
利な場合が多い。実際米国では、大統領の所属政党と議会（上院と下院のど
ちらかまたは双方）の多数党とが異なる現象がしばしば起きる。この現象は
「**分割政府**」と呼ばれ、米国の歴史では頻繁に生じている（例えば、オバマ
政権は８年間のうち６年間が分割政府の状態であった）。しかも、政党規律
が弱いので、議会における大統領の政党が大統領の政策を支持する保証もな
い。そのような場合には、大統領が望む政策を円滑に実行するのは難しくな
る。一方イギリスでは、しばしば首相が多数党を基盤として政策決定を主導
してきたため、イギリスの政治システムのことを「選挙された独裁制」と呼
ぶことがある。もっとも、後述するように日本の議院内閣制は、政府と与党
が二元的に並立する傾向が強く、首相は必ずしも強いリーダーシップを発揮
できなかった。

政治の大統領制化

　近年、グローバル化やコミュニケーション技術の進展を背景として、政治の

「大統領制化」（Presidentialization）といわれる現象が生じている。これは、議院内閣制の国などであっても行政府の長が大統領のように振る舞う現象のことであり、この概念を提起したポグントケとウエブによれば、a）与党と政府においてリーダーの権力資源と自律性が増大すること、b）選挙のプロセスにおいてリーダー個人に焦点が当てられることとされる。

　日本でも、21世紀以降こうした現象が顕著になってきた。その典型は小泉首相である。本文でも記したとおり、小泉首相は、強化された内閣官房や経済財政諮問会議などの仕組みを使って政府内の決定を主導し、自民党の族議員に対する自律性も発揮した。その背景にあったのは、「ワンフレーズ」など個性的な政治スタイルにより国民から高い支持を得ていたことである。第2次安倍政権も同様に、各種の政策会議や内閣人事局などを活用して強いリーダーシップを振るい、7年8ヵ月に及ぶ長期政権を達成した。

　いずれの場合も、リーダーシップの発揮は支持率の高さや選挙での成功に支えられていた。反面から見れば、内閣官房などの補佐組織がどんなに強力であっても、国民からの支持に欠け、選挙で勝利しないとリーダーシップは困難に晒されるということである。小泉政権と第2次安倍政権に挟まれた諸政権が安定しなかったことはその例証である。　　　　　　　　　（内山融）

●その他の仕組み

フランスは、議院内閣制と大統領制の統合形態といえる**半大統領制**と呼ばれる制度を取り入れている。国民から直接選挙される大統領が実質的な権限を持つ一方で、議会の信任に基づく首相と内閣も存在することがその特徴である。大統領には、首相・閣僚の任命権、閣議の主宰権、国民議会（下院）の解散権、法律案の国民投票付託権、非常事態における緊急措置の発動権といった広範な権限が与えられている[3]。首相は大統領によって任命されるが、国民議会で内閣不信任が決議されると辞職しなくてはならない。そのため、

---

[3]　大統領の任期は5年である（以前は7年だったが2000年に短縮された）。

大統領は議会多数派から首相を選ぶ必要がある。米国における大統領と議会の関係に比べると、大統領が議会解散権を持っている点や、議会を通過した法案への拒否権を持たない点が特徴的である。

　行政上の権限が大統領と首相・内閣とによって分有されていることから、この両者がどのような関係にあるかによって、政権運営の態様は異なってくる。議会多数派が大統領の党派と一致する場合には、大統領が行政府トップとして強いリーダーシップを発揮することが可能となる。一方、大統領の党派が議会多数派を取れなかった場合は、大統領は反対党派から首相を選ばざるをえなくなる。この状態はコアビタシオン（保革共存政権）と呼ばれ、大統領のリーダーシップは限定される。外交と国防の権限は大統領に留保されているものの、内政上の主導権は首相に移ることとなる。

　ロシアも大統領と首相が行政上の権限を分有しているため、半大統領制に分類される（ただし、フランスでは大統領が自由に首相を解任できないのに対し、ロシアではそれが可能である点が大きく異なる）。

　この他にも、ドイツやイタリアなど、大統領と首相の両方が存在する国がある。しかしドイツやイタリアにおける大統領の権限は形式的なものであり、内閣は議会に対してのみ責任を負う。そのためこれらの国は議院内閣制に分類される。一方、首相が大統領の補佐役にすぎない韓国は大統領制に分類される。

　首相を国民の直接投票で選ぶ制度、すなわち**首相公選制**がとられる国もある。1992年から2001年のイスラエルがその例である。同国では、首相の政治的指導力を強化することを目的として1992年に首相公選制が導入された。首相は議会に対して解散権を持ち、議会も首相罷免権と内閣不信任決議権を持って対抗するという形であった。しかし、議会において小党が分立し*4、首相も議会に対して十分な指導力を発揮することができず、政治的安定を欠くことになった。首相公選制の機能不全が世論でも強い批判を受け、この制

---

*4　有権者は、首相選挙では大政党に投票するものの、議会選挙では個人の細かな選好に応じて小党に投票する傾向が強かった。

度は 2001 年に廃止された。

　日本でも、2001 年の小泉内閣発足を機に、首相公選制が議論された。同政権が国民的人気を背景として誕生したこともあり、首相選出に民意を反映させるとともに首相のリーダーシップを強める観点から、首相公選制が注目されることとなったのである。首相公選制を考える懇談会が首相の私的懇談会として設置され、2002 年 8 月に報告書が出された[*5]。しかし、現行の憲法制度でも小泉首相がリーダーシップを発揮できたことや、天皇の存在にもかかわらず大統領的な職を設ける点に批判があったことなどから、首相公選制論は下火となった。

② 日本の議院内閣制

●内閣制度とその歴史

日本で内閣制度が発足したのは、1885（明治 18）年のことである。1881 年に国会開設の詔が発せられたことを受けて、国会開設に際して近代的な内閣制度を導入する必要があったためである。このとき制定された**内閣職権**では、内閣総理大臣は「各大臣ノ首班」として「大政ノ方向ヲ指示シ行政各部ヲ統督ス」と規定されており（第 1 条）、他の閣僚の上位にある存在として位置づけられていた。

　大日本帝国憲法（明治憲法）の制定（1889 年）に際して、内閣職権に代わり**内閣官制**が制定された。内閣官制では「内閣ハ国務各大臣ヲ以テ組織ス」（第 1 条）として閣僚間の平等性が強調された。首相は「各大臣ノ首班」であるとの文言は使用されているが（第 2 条）、その地位は形式的なものにす

[*5]　この報告書では、国民が首相指名選挙を直接行う案、議院内閣制を前提とした首相統治体制案（憲法に政党条項を入れ、政党が首相候補者の選出に国民参加の余地を広げるよう義務づけるなど）、現行憲法の枠内における改革案の 3 案が並記された。

[図4-2] 大日本帝国憲法発布直後（1889年）の内閣　黒田清隆首相のほか、伊
　　　　藤博文、山縣有朋、松方正義、大隈重信らの肖像が並んでいる。
東京大学大学院法学政治学研究科附属近代日本法政史料センター　明治新聞雑誌文庫蔵

ぎないとの解釈がなされた。これは、明治憲法で「国務各大臣ハ天皇ヲ輔弼
シ其ノ責ニ任ス」（第55条）として国務大臣単独輔弼制がとられていたこと
と関連する。各大臣が直接に天皇を補弼（補佐）することになっていたため、
それらの大臣に対して首相が上位に立つことは論理的にありえなかったので
ある。しかも、明治憲法の条文には、内閣総理大臣に関する規定が存在しな
い。こうして明治憲法下の内閣制度は、首相のリーダーシップの弱さと各大
臣の「割拠」に特徴づけられることとなった。

　内閣制度に内在するこうした制約に加え、枢密院や軍部など内閣の統制が
及ばない機関の存在が、戦前の内閣の統合力を大きく減じていた。特に軍部
は、しばしば、統帥権の独立や軍部大臣現役武官制を盾にとって内閣に対抗
する姿勢を示した。大正デモクラシーを経て、立憲政友会と立憲民政党の二
大政党が交代で政権を担当する政党内閣の時代がやって来るが、この時期に
も政党を中心とした政治的統合は果たされなかった。軍部の台頭が政党内閣
の凋落をもたらし、ひいては日本を太平洋戦争開戦へ導くことになった。

　敗戦を経て 1946 年に**日本国憲法**が公布されたことにより、日本に議院内閣制が導入された。この憲法によって現行の内閣制度は規定されている。行政権は内閣に属する（第 65 条）。内閣とは、その首長たる内閣総理大臣及びその他の国務大臣の合議体である（第 66 条）。内閣は、行政権の行使について、国会に対し連帯して責任を負う（同条第 3 項）。内閣総理大臣は、国会議員の中から国会の議決で指名される（第 67 条）。内閣総理大臣は国務大臣を任命するが、その過半数は、国会議員の中から選ばれなければならない（第 68 条）。内閣総理大臣は、任意に国務大臣を罷免することができる（同条第 2 項）。内閣は、衆議院で不信任の決議案を可決し、又は信任の決議案を否決したときは、10 日以内に衆議院が解散されない限り、総辞職をしなければならない（第 69 条）。内閣総理大臣は、内閣を代表して議案を国会に提出し、一般国務及び外交関係について国会に報告し、並びに行政各部を指揮監督する（第 72 条）。

　このように、首相の地位が憲法の条文で明確に規定され、国務大臣を任意に任免できるようになったことが、明治憲法と比べたときの大きな特徴である。しかし、憲法上の規定とは別に、首相のリーダーシップを制約するような制度も作られた。すなわち、**内閣法**において、「各大臣は、（中略）主任の大臣として、行政事務を分担管理する」（第 3 条）と規定された。国務大臣（の多く）は、総務省、法務省、外務省、財務省など各省の長として行政権を分掌し、それぞれの所掌分野における責任者となった。また、「内閣総理大臣は、閣議にかけて決定した方針に基いて、行政各部を指揮監督する」との規定も設けられたため（第 6 条）、首相の指揮監督権に対して閣議決定が制約として働く可能性が生じた。こうして日本国憲法の下においても、各省大臣が割拠する体制が維持されることとなった。

●自民党政権期の内閣

1955 年に**自由民主党**（自民党）が結党されて以降、同党は一時期を除いて 2009 年まで政権に就いていた（第 6 章第 3 節）。ここでは特に、1993 年以

[表4-1] 戦後の歴代内閣

首相	所属政党	成立年月日	備考（衆院選等）	主要な出来事
東久邇宮稔彦		1945.8.17	戦争終結　8.15	45.9　降伏文書調印
幣原喜重郎		1945.10.9		45.11　社会、自由、進歩党結成
吉田　茂　1次	日本自由党	1946.5.22	衆院選　4.10	46.11　新憲法公布
片山　哲	日本社会党	1947.5.24	衆院選　4.25	47.12　炭管法
芦田　均	民主党	1948.3.10		48.9　昭和電工事件
吉田　茂　2次 　　　　3次 　　　　4次 　　　　5次	（民主自由党） （自由党）	1948.10.19 1949.2.16 1952.10.30 1953.5.21	 衆院選　1.23 衆院選　10.1 衆院選　4.19	50.6　朝鮮戦争勃発 51.9　講和・安保条約調印（52.4発効） 54.4　造船疑獄
鳩山　一郎　1次 　　　　　2次 　　　　　3次	日本民主党 自由民主党	1954.12.10 1955.3.19 1955.11.22	 衆院選　2.27 保守合同　11.15	 55.10　日本社会党統一 56.10　日ソ共同宣言
石橋　湛山	（以下自民党）	1956.12.23	総裁選　12.14	
岸　信介　1次 　　　　2次		1957.2.25 1958.6.12	 衆院選　5.22	60.1　民社党結成 60.6　安保条約改定
池田　勇人　1次 　　　　　2次 　　　　　3次		1960.7.19 1960.12.8 1963.12.9	総裁選　7.14 衆院選　11.20 衆院選　11.21	60.12　国民所得倍増計画 64.10　東京オリンピック
佐藤　栄作　1次 　　　　　2次 　　　　　3次		1964.11.9 1967.2.17 1970.1.14	 衆院選　1.29 衆院選　69.12.27	64.11　公明党結成 72.5　沖縄復帰
田中　角栄　1次 　　　　　2次		1972.7.7 1972.12.22	総裁選　7.5 衆院選　12.10	72.9　日中国交正常化 73.10　石油危機
三木　武夫		1974.12.9		76.2　ロッキード事件
福田　赳夫		1976.12.24	衆院選　12.5	77.6　独禁法改正 78.8　日中平和条約
大平　正芳　1次 　　　　　2次		1978.12.7 1979.11.9	総裁予備選　11.27 衆院選　10.7	79.7-　一般消費税問題
鈴木　善幸		1980.7.17	衆院選　6.22	81.3　第2次臨調設置
中曾根康弘　1次 　　　　　2次 　　　　　3次		1982.11.27 1983.12.27 1986.7.22	総裁予備選　11.25 衆院選　12.18 衆院選　7.7	83.3　臨調最終答申 85.4　電電公社民営化 87.4　国鉄民営化

竹下　　登		1987.11.6			88.6　リクルート事件 88.12　消費税法成立
宇野　宗佑		1989.6.3			
海部　俊樹　1次		1989.8.10			90.8　イラクのクウェート侵攻
2次		1990.2.28	衆院選	2.18	91.9　政治改革法案挫折
宮澤　喜一		1991.11.5	総裁選	10.27	92.1　佐川急便事件
細川　護熙	日本新党	1993.8.9	衆院選	7.18	94.1　政治改革法成立
羽田　　孜	新生党	1994.4.28			
村山　富市	日本社会党	1994.6.30			94.11　税制改革関連法成立
橋本龍太郎　1次	自由民主党	1996.1.11			97.11　財政構造改革法成立
2次	（以下同）	1996.11.7	衆院選	10.20	97.12　行政改革会議最終報告
小渕　恵三		1998.7.30	参院選	7.12	99.5　ガイドライン関連法成立
森　　喜朗　1次 　　　　　　2次		2000.4.5 2000.7.4	衆院選	6.25	01.1　新省庁体制スタート
小泉純一郎　1次 　　　　　　2次 　　　　　　3次		2001.4.26 2003.11.19 2005.9.21	総裁選 衆院選 衆院選	4.24 11.9 9.11	01.10　テロ特措法成立 03.7　イラク特措法成立 05.10　郵政民営化関連法成立
安倍　晋三　1次		2006.9.2	総裁選	9.20	07.5　国民投票法成立
福田　康夫		2007.9.26	総裁選	9.23	08.1　補給支援特措法成立
麻生　太郎		2008.9.24	総裁選	9.22	08.9　米国発世界金融危機
鳩山由紀夫	民主党	2009.9.16	衆院選	8.30	09.11　事業仕分け
菅　　直人	（以下同）	2010.6.8	代表選 代表選	6.4 9.14	11.3　東日本大震災
野田　佳彦		2011.9.2	代表選	8.29	12.8　社会保障・税一体改革関連法成立
安倍　晋三　2次 　　　　　　3次 　　　　　　4次	自由民主党 （以下同）	2012.12.26 2014.12.24 2017.11.1	衆院選 衆院選 衆院選	12.16 12.14 10.22	14.5　内閣人事局設置 15.9　安保法制成立 19.10　消費税率10%に 20-　新型コロナウイルス感染症流行

菅　　義偉			2020.9.16	総裁選	9.14	21.7　東京オリンピック
岸田　文雄　1次			2021.10.4	総裁選	9.29	
2次			2021.11.10	衆院選	10.31	

　前の自民党単独政権の時期*6を念頭に置き、日本の内閣制度の運用について説明する。

　既述のとおりイギリスも日本も同じ議院内閣制を採用しているが、その運用は大きく異なる。イギリスでは、議会多数派が構成する内閣を中心としてトップダウン的な政策形成が行われる。首相と大臣が一丸となって、官僚と与党一般議員に対して強いリーダーシップを発揮するのである。内閣と与党は一体化しており、両者が別々に意思決定を行うことはない。

　一方、かつての日本では、行政府の官僚が政策形成の主体となるボトムアップ的な政策形成がとられていた。内閣はそうして形成された政策を形式的・儀礼的に承認するだけであり、閣僚は各省庁の代弁者として行動することが多かった。また、閣議による内閣の意思決定と並行して、自民党でも行政府の政策に対する審査が行われており、内閣と与党は二元的に並立していた（内閣と与党が別々の決定を行うこともあった）。このようなボトムアップ型の内閣制度は、官僚が主導権を握っているという点で官僚内閣制と呼ばれることもある。

　こうしたボトムアップ型運用がなされた背景としては、上述のような首相の権限を制約する内閣法の規定に加えて、自民党の組織構造が重要である。自民党では、議員のインフォーマルな集団である**派閥**が自律的な影響力を持っていた（図4-3）。自民党は派閥の連合体という性格が強く、同党総裁選挙の帰趨を決めるのは、多くの場合、派閥間の合従連衡であった。自民党総裁＝首相に選出されるためには、他の派閥と連合を組み、党内多数派を形成する必要があったということである。したがって、首相は派閥連合に権力基

---

*6　ただし、1983年成立の第2次中曽根内閣は自民党と新自由クラブとの連立政権であった。

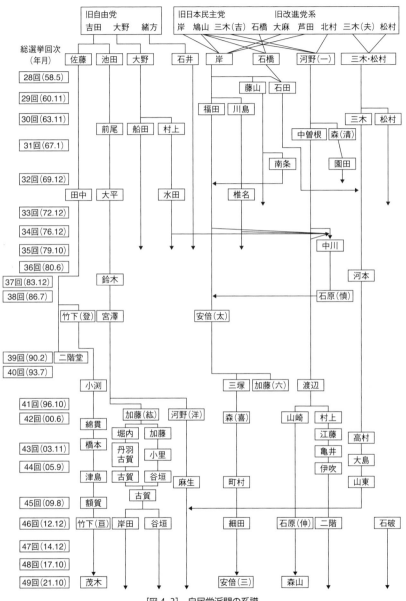

[図4-3] 自民党派閥の系譜

盤を置くこととなった。このことを典型的に示すのが、閣僚等のポストを派閥の規模に応じて割り振る**派閥均衡人事**である。総裁選出時に同盟を組んだ派閥に閣僚ポストを与えるのはもちろんのこと、敵対した派閥に対しても、政権運営に協力を取り付けるためにポストを分配したのである。このため、閣僚人事において首相が自律性を発揮することはできなかった。自分の方針を支持する人間だけで閣内を固めることはできなかったし、反対する閣僚が出た場合でも罷免は難しかった。しかも、自民党では、当選回数に応じて高位のポストに就けるという年功序列的な人事運営がなされていた。衆議院議員であれば当選2回目で政務次官、国会の常任委員会の理事、党の政務調査会（政調会）の副部会長等に起用され、3回目で政調会の部会長になり、5回目で大臣となる資格が生じていた。こうした派閥均衡型・年功序列型の人事システムが大きな要因となり、首相のリーダーシップは制約されていたのである。

　1993年に細川政権が成立した際に自民党はいったん下野するが、翌年には**日本社会党**（社会党。のちに社会民主党（社民党）へ改称）及び新党さきがけと連立を組むことにより政権に復帰した。その後、自由党、公明党などとパートナーは変わるが、2009年まで自民党主体の連立内閣の時期が続く。2009年には政権交代が起こり、民主党中心の連立内閣が成立した（パートナーは当初社民党と国民新党、のち社民党が離脱）。この間、後述のとおり重要な内閣制度の改革が行われることとなる。

●内閣機能の強化

ボトムアップ型の内閣制度に対しては、以前より批判が投げかけられてきており、内閣機能強化の提案がしばしば行われてきた*7。そうした提案が大規模な制度改革として結実したのが、2001年1月からスタートした**中央省庁等改革**（◆第7章第2節）である*8。その内容は多岐にわたるが、ここで

---

*7　例えば、1962年から1964年まで設置された第1次臨時行政調査会や、1981年から1983年まで設置された第2次臨時行政調査会では、内閣の総合調整の強化が論点の1つになっていた。

重要となるのは、首相のリーダーシップを強化するための以下の制度改革である。

第1に、内閣法が改正され、首相が閣議の主宰者として「内閣の重要政策に関する基本的な方針」を発議できることが明記された。従来の内閣法では首相の発議権は必ずしも明確ではなかった。第2に、首相の補佐・支援体制が強化された。具体的には、①内閣官房の機能を充実した。まず、内閣官房が内閣の重要政策に関する企画立案と総合調整を行うことを内閣法で規定した。従来の内閣法では、内閣官房の役割は「総合調整」のみだったが、受け身の「調整」のみではなく、積極的な「企画立案」を行うことが明確となった。また、内閣官房に3名の内閣官房副長官補等を置く、首相補佐官を増員するといった改正が行われた。②内閣府を新設した。内閣府は首相を長とする行政機関であり、一定の重要事項に関する企画立案及び総合調整を行う。③内閣府に、経済財政運営、科学技術などの分野を担当する特命担当大臣を設置した。④内閣府に、経済財政諮問会議、総合科学技術会議などの会議を設置し、重要事項について調査審議を行うこととした。第3に、各省の政務次官を廃止し、副大臣と大臣政務官を置いた。

これらの改革の効果としては、まず、内閣官房の強化や内閣府の設置により、首相を支える人的・組織的資源、すなわち**コア・エグゼクティブ**（core executive）が強化されたことが挙げられる*9。内閣府の特命担当大臣は、閣内で首相主導の政策決定をサポートする役割を担っている。内閣官房や内閣府は、省庁間の縦割り構造を横断する形で機能し、各省庁からの影響力を遮蔽しつつ政策立案を行うことを可能とした。また、副大臣制の導入により、各省庁内で大臣を支える人的資源が増大し、大臣が各省内で行使できるリー

*8　この改革は、橋本龍太郎内閣の下で立案が進められたので「橋本行革」と呼ばれる。具体的な改革案は、橋本首相を会長とし、経済界、労働界、マスメディア、学界の出身者を委員とする行政改革会議の場で検討された。同会議は、1996年11月末に第1回会議を開催し、翌97年12月に最終報告が決定された。

*9　コア・エグゼクティブとは、ダンリーヴィとローズによれば、「中央政府の諸政策を統合し、あるいは、政府機構の諸要素間の紛争を最終的に調停する組織・構造」のことである（Dunleavy & Rhodes 1990: 4）。

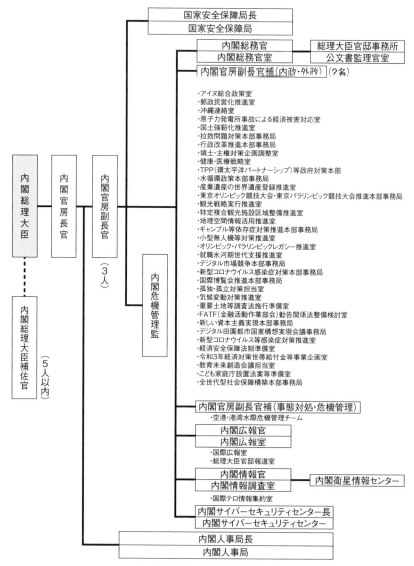

[図 4-4]　内閣官房組織図

出典：内閣官房ホームページ（https://www.cas.go.jp/jp/gaiyou/pdf/210901_soshikizu.pdf）2022 年 4 月 18 日アクセス。

ダーシップの程度が高まった。

　こうした新たな制度を活用してリーダーシップを発揮した好例が、小泉純一郎首相（在職 2001 年―2006 年）である。小泉は、従来のボトムアップ型の政策決定に代え、（**首相**）**官邸主導**によるトップダウン型の政策決定を導入しようとした。すなわち、中央省庁の官僚に対する首相の主導権を確保し、族議員を政策決定から排除しようと試みた。小泉の進める構造改革は、公共事業費の削減や規制緩和、郵政事業民営化など、官僚や族議員の既得権益に切り込むものが多かったからである。このため小泉内閣では、首相が各省庁に明確な指示を出し、官僚にそれを実行させるという方式を重視した。各省庁の間で対立が起こったときも、しばしば明示的に小泉自身の判断が下された。また小泉は、決定を内閣に一元化しようとした。自民党内の議論とは無関係に経済財政諮問会議などの場で政策立案を進め、その結果を党に受け入れさせようとすることが多かったのである。

　小泉内閣の官邸主導型政策決定においては、経済閣僚や民間人により構成される**経済財政諮問会議**が有効に活用された。同会議は、まず、政策の議題設定（◆第 7 章第 1 節）における主導権を、かなりの程度官僚機構から取り上げることに成功した。その結果、官僚や族議員からは行われえないような大胆な発案がなされるようになった。そして同会議では、これまで各省ごとの縦割り構造でバラバラに検討されていた政策が、1 つの場で議論の俎上に載せられるようになった。また、政策決定過程が透明になり、どのアクターがどのような主張をしているか、意見の対立構図はどのようになっているか、といったことが外から見えるようになった。しかも会議の場ではしばしば、小泉首相の明確な裁断が下された。要するに、諮問会議では、閣僚を含むメンバー間で実質的な議論がなされ、首相が議論をリードできた。セレモニー化した閣議を補完する役割を果たしたのである。

　ところが、小泉首相の退任後に続いた自民党の諸内閣（第 1 次安倍晋三内閣、福田康夫内閣、麻生太郎内閣）は、必ずしもリーダーシップの発揮に成功しなかった。2009 年の政権交代により発足した民主党の鳩山由紀夫内閣

は、内閣官房に国家戦略室を設置するなどさまざまな「政治主導」の試みを導入したが、官僚機構との調整がうまくいかず混乱を招いたと評価されている。

　一方、2012年に再登板した安倍内閣は、官邸主導を強化した。その象徴的存在といえるのが2014年に設置された内閣人事局である。官僚の幹部人事を掌握する内閣人事局は、首相が官僚機構をコントロールする上で大きな役割を果たした（♦第7章第1節）。また、第2期の安倍政権（第2次安倍内閣から第4次安倍内閣までをこう表記する）は各種の政策会議を首相官邸等に設け、官邸主導のトップダウン型政策決定を行った。たとえば、第2次安倍政権が進めた経済政策は「アベノミクス」と銘打たれたが、その柱の一つである成長戦略は、首相を議長とし関係大臣や民間議員から構成される未来投資会議を主な舞台として策定された。

 # 多数決型民主政治と合意型民主政治

●多数決型民主政治

第1節では議院内閣制と大統領制の区別を論じたが、これとはまったく別の観点から、**多数決型民主政治**と**合意型民主政治**という区別を行うことができる。この区別はアレンド・レイプハルトによるものである。民主政治を「人民による、人民のための統治」と定義するならば、人民が対立した場合に、誰が統治するのか、誰の利益のための統治をするのか、という問題が起こる。これについて「人民のうちの多数派による」と考え、多数派の利益に従うのが多数決型民主政治であり、「できるだけ多くの人民によるもの」と考え、多数派の規模を最大化するために合意を追求するのが合意型民主政治である。

　多数決型民主政治の典型はイギリスの政治である。こうした政治のありかたを、同国の国会議事堂がある場所の名前をとって、**ウエストミンスター・**

[表4-2]　多数決型民主政治と合意型民主政治

	多数決型民主政治	合意型民主政治
政府・政党次元	単独過半数内閣への執政権の集中	広範な多党連立内閣による執政権の共有
	執政府が圧倒的権力をもつ執政府・議会関係	均衡した執政府・議会関係
	二大政党制	多党制
	多数決型・非比例型選挙制度	比例代表制
	集団間の自由な競争に基づく多元主義的利益媒介システム	妥協と協調をめざしたコーポラティズム的利益媒介システム
連邦制次元	単一で中央集権的な政府	連邦制・地方分権的政府
	一院制議会への立法権の集中	異なる選挙基盤から選出される二院制議会への立法権の分割
	相対多数による改正が可能な軟性憲法	特別多数によってのみ改正できる硬性憲法
	立法活動に関し議会が最終権限を持つシステム	立法の合憲性に関し最高裁または憲法裁判所の違憲審査に最終権限があるシステム
	政府に依存した中央銀行	政府から独立した中央銀行

出典：レイプハルト 2005、2-3頁（一部改めた）

モデルと呼ぶ。ウエストミンスター・モデルの諸特徴は、執政制度、政党制、選挙制度などにかかわる政府・政党次元と、中央・地方関係や司法権の役割に関する連邦制次元の2つの次元に分けられる（詳細は表4-2を参照）。政府・政党次元では、まず、議会での単独過半数によって構成される内閣へ権力が集中していることが挙げられる。与党は圧倒的な過半数でなくても強大な権力を付与される一方、少数派は政権から除外され、野党となる。行政府と議会の関係では、行政府が圧倒的権力を持つ。議会に対して内閣が優越するのである。政党制については、2つの大政党が競合する二大政党制を特徴とする。選挙制度は**小選挙区制**を典型とする（◆第5章第1節）。この仕組みでは得票と獲得議席との格差が大きくなり、得票で過半数を超えない政党が議席では過半数を得ることができる。利益媒介システムは、多種多様な利益集団が競争しながら政府に圧力をかける多元主義的なものである（◆第2章第3節、第7章第3節）。

　連邦制次元については、**単一で中央集権的な政府**が特徴である。地方自治体は一定の機能を果たすものの、その権限は制約されており、財政的にも中央政府に依存している。また、一院制の議会に立法権が集中している（イギリスには上院が存在するものの、ほとんどの立法権は下院が握っている）。裁判所が立法についての審査権を持たず、立法活動について議会が最終権限を持っている。

　このように多数決型民主政治は、多数党を基盤とする内閣に権力を集中させることを特徴としている、排他的・競争的・対立的な政治のモデルである。

●合意型民主政治

これに対し合意型民主政治は、権力の分割と共有を特徴とする包括的・交渉的・妥協的な政治モデルである。その最適の事例はスイスとベルギーである。政府・政党次元に関しては、まず、広範な多党連立内閣が特色である。スイスの連邦会議に代表されるように、主要政党の多くが内閣に参加して執政権を共有する。執政府と議会の関係は均衡したものである。議会に対して内閣が優勢になっておらず、両者が対等な相互依存関係にある。政党制は多党制であり、議会での過半数を持つ政党が存在しない（基本的に、スイスは四大政党制、ベルギーは三大政党制であった）。選挙制度は、議席が各党の得票に比例して分配される**比例代表制**である。利益媒介システムは、妥協と協調をめざしたコーポラティズム的なものである。これは、労働者や雇用者といった主要な職能セクターを代表する大規模な利益集団と政府が密接な協議を行うシステムである。

　連邦制次元については、**連邦制・地方分権的政府**を特徴とする。中央・地方関係においても権力の分割がはかられ、地方政府（州など）が大きな権限を持っているのである。また、異なる選挙基盤から選出される二院制議会へ立法権が分割されている。連邦制下の小規模州など、少数派の意見が特に代表される機会を、上院で与えるためである。上下両院は異なる選挙制度で選ばれ、ほぼ同等の権限を持つ。立法の合憲性に関しては、最高裁判所（また

は憲法裁判所）の違憲審査に最終権限がある。立法権と司法権の間でも厳格な権力の分割がはかられているということである。

●パフォーマンスの違い

しばしば、決定に時間がかかる合意型民主政治よりも、迅速な決断が可能な多数決型民主政治の方が優れたパフォーマンス（成果）を生み出すと主張される。そのような見解は正しいのだろうか。レイプハルトは、マクロ経済パフォーマンス、社会的暴力、民主政治の質といった観点から、2タイプの民主政治のパフォーマンスを比較している。

　経済パフォーマンスについては、経済成長に対して合意型民主政治がプラスの効果を持つかどうかは明確ではないが、失業率や財政赤字では多数決型民主政治よりも合意型民主政治の方がわずかながら優れた効果を持つ。特にインフレの抑制に関しては、合意型民主政治は十分な好影響をもたらす。社会的暴力（暴動件数や政治的紛争による死者数）を抑える上でも、やはりわずかであるが合意型民主政治の方が優れている。

　民主政治の質については、民主化（政党間の競合や政治参加の程度）、女性の政治進出と利益保護、経済的平等、投票率、自国の民主政治への満足度といった諸点において、合意型民主政治が有利であることが示されている。合意型民主政治は、「より親切で優しい」性格を持っているのである。

　ただ、このように合意型民主政治を高く評価する見解に対しては批判もある。例えばサルトーリは、大連合内閣は責任を曖昧にし、行政府と立法府の間の権力拡散は混乱を招くおそれがあるとする。そして、合意形成をめざすことはあらゆる民主政治の本質であるため、多数決型民主政治が合意形成をうまく扱えないとは必ずしも言えないと指摘している。

第5章 選挙

現代の民主政治においては、野党が政府を批判する自由が保障されており、かつ、成人男女に選挙権が認められている。ダールによれば、言論の自由、すなわち政府に対する批判が可能であり、かつ、すべての人びとが投票を通じて代表を選ぶことが、民主的意思決定の基礎である。ただし、選挙制度は国や時代により異なる。

その選挙制度は、政党あるいは候補者の競争に大きな影響を与える。ただし、政党や候補者の競争は選挙制度によって大きく制約されるとしても、最終的な選択を行うのは有権者である。有権者が政策に基づいて判断を下しているのか、それとも、政党や候補者の人気で判断をしているのかにより、選挙結果の理解も変わってくるだろう。

アメリカ大統領選挙（2000年）　接戦になり、集計をめぐる訴訟が起きるなど混乱した。写真はフロリダ州での票の数え直しの様子。
©Getty Images

選挙制度

●選挙制度の分類

民主政治は、選挙を通じて政権を担当する者を選ぶ仕組みである。政権獲得をめざす政党は、より多くの議席を獲得しようと競争する。スポーツのルールが選手の行動に影響を与えるように、選挙制度は政党あるいは候補者の行動、ひいては、有権者の選択にも影響を与える。選挙制度改革が行われる際に、どこの国でもそれが大きな問題になるのは、選挙制度が各政党の勢力の消長を左右するからである。

　選挙制度として一般的に良く知られているのは、**小選挙区制**と**比例代表制**であろう。小選挙区制では、全国が議会定数と同じ数の選挙区に分割される。有権者は候補者に投票し、各選挙区から1人の議員が選出される仕組みである。後述のとおり第1党が得票率以上に多くの議席を得やすく、社会の多数意見を集約するのに優れていると言われる。一方、比例代表制は政党が選挙における選択の対象となり、政党の獲得した票の割合に応じて、議席が配分される仕組みである。基本的に死票が生じないので、比例代表制は多様な意見を忠実に反映させる仕組みであると考えられている。また、両者を組み合わせた混合型の選挙制度を採用している国もある。日本の衆議院も、小選挙区制（289議席）と全国を11のブロックに分けて実施される比例代表制（176議席）からなる、**小選挙区比例代表並立制**を採っている（2022年現在）。

コラム

選挙制度シミュレーション

本文にあるとおり、選挙制度が変化することによって、選挙結果に大きな違いが生じる場合がある。小選挙区制と比例代表制について、簡単な例で考えてみよう。

　まず、有権者3,000人を3つの小選挙区に分けて、議員を選挙する場合を考える。各選挙区の投票結果は以下のとおりであったならば、A党が3議席を独占し、B党とC党は議席を得られない。

【小選挙区制】

第1選挙区	第2選挙区	第3選挙区
当選 A党の候補者 400	当選 A党の候補者 400	当選 A党の候補者 400
B党の候補者 375	B党の候補者 350	B党の候補者 325
C党の候補者 225	C党の候補者 250	C党の候補者 275

　次に、選挙制度を比例代表制（定数3）に代えて、有権者全員が各候補の所属政党に票を投じたとする（例、C党の得票は225＋250＋275＝750票）。すると各党の議席配分は、次のようにA党1議席、B党1議席、C党1議席となる。

【比例代表制（ドント式[*1]）】

	A党		B党		C党	
当選	得票数÷1	1,200	当選 得票数÷1	1,050	当選 得票数÷1	750
	得票数÷2	600	得票数÷2	525	得票数÷2	375

（谷口将紀）

　本節ではさまざまな選挙制度を、議会における政党数に強い影響を与えると思われる要因に焦点を当てながら解説する。具体的には、選挙区の議席定数と、投票の方法、当選者の決定方法、および閾値の4要因である。

1) 選挙区の議席定数

　選挙区の定数は、最小1から最大では議会における総議席数まで考えられる。選挙区に割り振られた議席が1の場合は小選挙区制であり、議席が2以

[*1]　各党の得票を自然数で割り算して（÷1, ÷2, ÷3……）、商の大きい順に各党の議席数を決定する。これに対し、奇数（÷1, ÷3, ÷5……）で割り算するのがサン＝ラゲ式。

上の場合は**大選挙区制**と分類される。小選挙区制として著名なのは、イギリスとアメリカの下院議員選挙である。一方、定員すべてが1つの選挙区に割り振られている例としては、イスラエルの議会がある。全国の得票と比例した議席配分を行う場合であっても、全国を単一の選挙区にしている例は少ない。小選挙区から全国一選挙区までの中間にはさまざまな議席定数があるが、日本の衆議院選挙では1928年から1993年までは、各選挙区の議席定数は3から5（末期には2から6）であり、**中選挙区制**と呼ばれた*2。現在でも、参議院の選挙区選挙では、都道府県の人口に応じて、選挙時の当選者数に1から6までの幅がある（2022年現在）。

　簡単な例で、定数が代表の選出に与える効果を考えてみよう。定数1の小選挙区選挙において必ず当選するためには、選挙区内の有権者人口をNとすると、N/2+1票を獲得すればよい。定数Mの大選挙区制で必ず当選するためには、それがN/(M+1)+1票になる。選挙区の有権者数が12万人であれば、小選挙区では60,001票で当選が絶対確実になるが、定数3の場合は、30,001票で済むことになる。この例からも分かるように、選挙区の定数が大きいほど、当選するために必要な票の数が減少するので、少数派意見の持ち主でも当選しやすくなる。一方、選挙区の議席数が1の場合、候補者は過半数票の獲得をめざすことになり、選挙区における多数意見の集約を促す。

2) 当選者の決定方法

　当選者の決定方法には大きく分けて2つあるが、それは、議会における代表制の考え方とも深く結びついている。1つは、**多数代表制**であるが、得票の多いものから当選していく仕組みである。一方、**比例代表制**では得票率に応じて議席が割り振られる。その際、基本的には、政党が事前に提出した名簿に掲載された候補者の上位から当選者が決まっていく。

　まず、多数代表制であるが、その中でも絶対多数を要求する方式と、相対

---

*2　ただし1946年の総選挙だけは、異なる方式で行われた。

多数で当選者を決定する方式とがある。絶対多数制を実際に採用している国は少ないが、フランスの国民議会（下院）の選挙では、第1回の投票で有効投票の過半数を獲得した候補者がいない場合、2回目の投票を行う。相対多数制では、得票の多い順に選挙区の定数まで当選者を決定する。日本の衆議院選挙では、かつての中選挙区も、現在の小選挙区も、相対多数制により当選者を決める点は共通である。小選挙区の場合は得票1位の候補者しか当選できないが、中選挙区では定数が5であれば、5位までが当選できる。

　一方、比例代表制では、政党の得票割合に応じて議会における議席が割り振られる。大陸ヨーロッパや北欧の諸国では、複数の選挙区のそれぞれに政党の名簿が提出されても、政党に対する議席数の割当は、全国の得票を利用して行われる場合が多い。例えば、オランダには19の選挙区があるが、議席の配分は、全国の投票結果に基づいて行われる。スウェーデンは全国を29の選挙区に分割しているが、全国大の比例性を保証するために調整用議席枠を確保している点が特徴的である。現在の日本の衆議院選挙は、小選挙区と組み合わせる形で地域ブロック単位の比例代表制が用いられているが、比例代表選挙に限っても全国大での比例性を保証する仕組みはない。

　比例代表制における具体的な議席の配分方法であるが、ドント式、サン＝ラゲ式など複数の方式が存在する。

3)　投票の方法

　小選挙区制の場合、投票の方法は必然的に**単記制**（候補者を1人だけ選ぶ）になる。大選挙区で相対多数制が用いられている場合は、選挙区の定数と等しい候補者を選ぶことができる**連記制**、あるいは、定数よりも少ないが複数の候補者名を書くことができる**制限連記制**がありうる。アイルランドは、定数3から5の大選挙区制（中選挙区制）を採用しているが、有権者は候補者に順位をつけて投票する仕組みになっている。そして、当選に必要な票数を越える第1順位票を得ている候補者が存在する場合は、その超過分が第2順位候補者に移譲される（**単記移譲制**）。

[表5-1] 日本の選挙制度

	選挙制度		議院（議会）全体の定数
衆議院議員総選挙	小選挙区（定数289人）	ブロック別比例代表選挙（定数176人）	465
参議院議員通常選挙	選挙区改選定数1から6 （全体の改選定数は74人）	比例代表選挙（改選定数50人）	248
都道府県議会選挙	選挙区（選挙区人口により 定数は異なる）		35～127
市町村議会選挙	選挙区（選挙区人口により 定数は異なる）		5～86
都道府県知事選挙	小選挙区		1
市町村長選挙	小選挙区		1

　比例代表制では政党への投票のみが可能な拘束名簿式と、候補者への投票が可能な非拘束名簿式がある。ただし、非拘束名簿式については、政党への投票と候補者への投票の両者が可能な場合と、候補者への投票のみが可能な場合がある。拘束名簿式の国にはイタリア、イスラエル、スペインなどがある。非拘束名簿式にはオランダ、フィンランド、スウェーデンなどがある。スウェーデンでは、政党を選択することも、政党が提示したリストに存在する候補者を選択することもできる。日本の参議院比例代表選挙における投票方法も同様である。

4)　閾値の存在

　政党数への影響を考えると、議席を得るために最低限必要な票数は重要な制約条件である。あまりにも少ない票数で当選する候補者が出ることを防ぐ、あるいは、多くの小規模政党が乱立するのを防ぐために、当選阻止のための条項を持つ国は多い。有名なのは、ドイツの**阻止条項**で、小党分立の不安定な政治体制がナチスの台頭を許したという反省から、全国での得票率が5%未満で、かつ小選挙区での当選者が3人に満たない政党は、連邦議会の比例代表で議席を配分されないことになっている。同様の規定は他国にもあり、スウェーデンの場合は得票4%、イスラエルでは3.25%未満の政党は議席配分を受けられない。

　なお、選挙における当選の閾値を持つのは比例代表制を採用している場合

だけではない。日本にも**法定得票数**という閾値があり、例えば衆議院の小選挙区の場合、得票が有効投票総数の6分の1に満たない候補者は、仮に選挙区内で最多数の票を得ていたとしても、当選することができない（公職選挙法第95条）。

●選挙制度の影響

フランスの政治学者デュベルジェは、選挙制度と政党制（◆第6章第2節）との間には一定の法則があると論じた。それは、小選挙区制は二大政党制を促し、比例代表制は多党制につながるというもので、彼の名を冠して**デュベルジェの法則**と呼ばれる。小選挙区制と二大政党制との関係は経験的に繰り返し確認されており、比例代表制と多党制についてもその傾向は明瞭である。しかし、その因果関係については、突き詰めて考える必要がある。

　デュベルジェ自身は、選挙制度と政党数との関係を、機械的要因と心理的要因から説明した。機械的要因とは、小選挙区制では第1党が得票率よりも過大な議席数を得る傾向を言う。特に得票で3番目かそれよりも下位の政党は、ごく限られた選挙区でしか勝つことができないために、全国大の得票率に比べて、議席数では過小に代表されることが多い。例えば、2019年12月に行われたイギリス下院選挙では、保守党・労働党・自由民主党・スコットランド国民党の全国得票率はそれぞれ44%・32%・12%・4%だったのに対し、各党の議席率は56%・31%・2%・7%であった。スコットランド国民党の得票はスコットランドに集中しており小選挙区で議席を確保したが、自由民主党は得票が地理的に分散しているため過小代表傾向が顕著である。

　心理的要因は、有権者側の要因である。有権者は自分の最も好む候補者に勝ち目がないと考えた場合、自己の票が死票になるのを嫌い、当選可能性の高い次善の候補者に投票する傾向がある。勝算を度外視してまで自分の政治的意見に誠実な行動をとるよりも、次善の候補者へ戦略的に投票するのである。具体例を挙げると、衆議院の小選挙区で、自民・立憲民主・共産の各党公認候補がおり、A氏の選好は共産＞立憲民主＞自民の順であったとしよ

う。もし、共産党候補の当選可能性がきわめて低い場合、A氏は共産党候補には投票せずに、立憲民主党候補に投票し、自民党候補が当選するのを防ごうとするかもしれない。このように有権者側の判断で、勝ち目が少ない候補者・政党が淘汰されていくのである。

なお、戦略的に行動するのは、有権者だけではない。そもそも政党は議席を得るために候補者を擁立するのであるから、勝ち目がないと判断した場合は、初めから候補者を立てない可能性が高い。したがって、政党側の要因においても、小選挙区制は小規模な政党の生き残りを難しくしている。

比例代表制と多党制との関係は、小選挙区制と二大政党制の関係の裏返しである。比例代表制が多党制を促進するのは、死票が発生する確率が低く、有権者の投票選択がそのまま議会における勢力比に反映されるからである。すなわち、比例代表制における候補者の擁立と有権者の投票には、小選挙区制度の場合と異なり、戦略的な計算が入り込む余地が小さい。一方、政党の側でも、全国的に見れば少数の票で議席を確保できるので、戦略的考慮から退出することが少ないと言える。

もっとも、小選挙区制が必ず二大政党制を導くわけではない。例えば、カナダは小選挙区制であるにもかかわらず有力な第3政党が存在する。また、イギリスでもスコットランド国民党のような有力な地域政党が台頭した。小選挙区制では、各選挙区における有力候補者数は2人になるかもしれないが、その2人が1人ずつ二大政党のどちらかに所属することを選挙制度のみでは説明できない。心理的要因は選挙区で働くものであり、全国一律に働くものとは考えにくい。

ここで参考になるのは、戦後日本の中選挙区制における候補者数の変化を分析したスティーブン・リードの研究である。リードは、戦後直後は乱立気味であった衆議院選挙の候補者数が、時間の経過とともに徐々に選挙区定数+1に近づいていったことをデータにより示した。したがって、選挙区の定数の影響により候補者数が一定の範囲内に収まるのは確かである。ただし、その候補者数が、議会における政党数と一致する保証はない。この点をより

厳格に論証したゲーリー・コックスは、デュベルジェの法則が選挙区レベルでは成立しても、全国レベルでの政党制との関係は必ずしも直接的ではないことを指摘した。選挙区における候補者の競争と、議会における政党間の競争がどのようにつながっているかを理解するためには、議会の制度、地域主義の強さなど、より大きな政治制度上の要因を考える必要がある。

❷ 投票行動の理論

普通選挙の導入を契機として選挙の研究は始まる。しかし、投票行動研究が本格化するのは、標本調査──統計学の理論に基づき確率的に抽出された人びとから聞き取りを行う研究方法──が導入されてからである。また、理論的分析においては、社会学、心理学、そして経済学という隣接諸分野からの刺激を受けながら選挙研究は発展した。ここでは、それぞれの分野の理論的視点から、解説をしたい。

●社会学的理論：社会集団とネットワークの重要性

普通選挙導入の背景となったのは、産業化に伴う労働者の増加と彼らの参政権を求める運動であった。したがって、第2次産業化が進行している社会では、職業、所得、教育といった社会階級・階層に関連した要因による投票行動の説明が主流となった。政党間の対立は、「階級闘争の民主的翻訳」と考えられたのである（Lipset 1960）。このほかにも、宗教間あるいは民族間の対立が激しい国ではそれぞれの属性が投票行動に大きな影響を与える。ただし、社会集団の投票行動への影響は、単なる分類から生ずるのではなく、その社会集団内の公式・非公式のネットワークにより培養される階級意識や集団利害の感覚により支えられている。

　このネットワークの重要性を最初に確認したのは、1940年代にコロンビア大学の社会学者たちにより行われたアメリカ地方都市における調査であっ

た。アメリカではラジオが1920年代後半から30年代にかけて急速に普及しており、ラジオのコマーシャルやニュース番組がどれだけの影響力を持つのかが、本来彼らの重要な研究上の関心であった。しかしながら、調査の結果は、少なくとも大統領候補者への投票については、マスメディアが選挙キャンペーン中に人びとの投票意向を逆転させる程の影響力を発揮するのは稀であることを示していた。

　マスメディアの代わりに、人びとの投票行動を説明する上で重要だったのは、社会集団である。そこでは形式的な意味で集団に属するというだけでなく、家族を含めた社会的なコミュニケーションにより支えられていることの重要性が強調された。誰に投票するつもりか態度が当初明確ではなかった人びとは、身近にいる他者の意見に影響を受け、最終的には自分が所属する社会集団の多数派が選択する候補者に投票する傾向が強かった。すなわち、人びとが最終的な投票先を決めるにあたっては、マスコミュニケーションではなく、**パーソナルコミュニケーション**の方が重要だと結論づけられたのである。

●社会心理学的理論：政党帰属意識

社会学的な研究は、集団およびそのコミュニケーションのネットワークという、人びとの社会・経済的属性に焦点を当てている。これに対して、人びとの心の中での意思決定プロセスに接近しようとする研究が登場する。アメリカのミシガン大学の研究者たちは、1940年代末から全国大の選挙調査を継続的に行い、投票選択の社会心理学的な分析を行った。

　彼らが投票行動を説明する上での鍵概念としたのは**政党帰属意識**、簡単に言い換えると政党に対する心理的な愛着とも言うべきものである。例を挙げて説明しよう。日本社会において、出身地に強い愛着・誇りを持っている人は少なくない。人びとは、離れていても出身地に帰属しているという感覚を持っている。郷土意識が強い人びとが出身地に対して抱くような感情を、アメリカ人は政党に対して抱いており、こうした感情が政党帰属意識と呼ばれ

ている。政党が自己認識の一部となっているのである。この政党帰属意識は、個人の成長の過程で家庭や地域社会の影響を受けながら獲得されると考えられている。

　政党帰属意識は、直接投票に対する判断に影響を与えるだけでなく、選挙の際に登場する短期的要因、すなわち政策争点や候補者の評価に影響を与える。人びとは、政策や候補者を判断する際に、予断なく政策や候補者について評価するのではなく、どの政党が主張する政策か、どの政党から出馬した候補者かを念頭に判断を下している。

　政党帰属意識は、一度身につくと、容易には変わらない態度と考えられるので、一歩間違うと、人びとは政策について、政党というお気に入りの銘柄を頼りにするあまり、その時々の自分の利害とは矛盾する判断をしかねない。この点で後述する経済学的な立場からは強い批判を招くことになった。また、政党帰属意識は特殊アメリカ的であり、他国では意味を持たないという指摘も存在する。例えば日本の選挙研究においては、政党帰属意識ではなく一般に政党支持という用語が使われる。政党支持概念には政党への愛着にとどまらず、その政党に対する認識や投票意向など多様な意味が含まれている。

●経済学的理論：政策投票と業績投票

社会学的理論と社会心理学的理論に共通するのは、選挙の際に有権者が下す政策的判断を軽視する点である。これに対して、人間が目的合理的に行動することを前提とする経済学的な研究は、政策により有権者の投票選択を説明しようとする。

　政策によって投票を説明しようとするアプローチでは、人びとは自己の政策態度に一番近い政党に投票すると主張される。これを政策投票の**近接性モデル**という。政策的立場を一次元の尺度上に並べることができるという前提のもと、有権者は各政党の位置と自己の位置を比較し、自己の政策位置と最小距離にある政党を選択する（◆第6章第2節）。

　図5-1に示した例に従って、説明しよう。ここでは、政策の内容が左端の

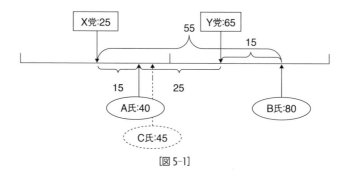

[図 5-1]

0 から右端の 100 までの数値で表現されている。例えば、高等教育政策にお
いて、大学の運営はすべて税金で負担し授業料を無料にするという立場を最
左翼の 0、一方、大学の研究・教育をすべてまかなえるまで授業料を値上げ
するという立場を最右翼の 100、そして丁度中間の立場を 50 とする。政党
X はこの政策次元で 25 の位置にいるのに対し、政党 Y は 65 の位置にいる。
それに対して、有権者 A 氏は 40 の位置を取っている。この場合、A 氏にと
って、距離が 25（＝65 − 40）ある Y 党よりも距離が 15（＝40 − 25）しかな
い X 党の方が近いので、A 氏は選挙において X 党に投票することになる。
一方、政策次元で 80 の位置にいる B 氏の場合は、距離が 55（＝80 − 25）あ
る X 党よりも距離が 15（＝80 − 65）しかない Y 党の方が近いので、Y 党に
投票する。ここでは一次元の政策尺度のみを考えたが、二次元以上への一般
化は容易である。ただし、近接性モデルは有権者が各政党ならびに自分の政
策位置を正しく理解していることを前提にしており、現実的ではないという
批判がある。

　政策投票の文脈で、その批判に応えるのが、**方向性モデル**である。このモ
デルの想定では、有権者は政策の位置や距離ではなく、個人が重要と感ずる
政策の方向性に基づいて判断を行う。すなわち、政策が中央（50）を挟んで
左側なのか、右側なのか、そして自分自身がどちら側にいるのかにより判断
するのである。C 氏は政策次元で 45 の立場にいるが、近接性モデルによれ
ば、X 党との距離と Y 党との距離がともに 20 で等しいため、投票政党を決

められない。一方、方向性モデルに基づけば、中間を挟んで左側にいるC氏は、右側にいるY党ではなく同じ左側にいるX党を選択することになる。

　ただし、政策投票に基づく説明に対しては、有権者に過大な期待を抱いているという批判がある。人びとはそれほど明確な意見を持っていないのではないか、各党の政策をよく知った上で比較考量できるのだろうか、という疑問である。それに対して、仮に人びとが1つ1つの政策について知識あるいは意見を持っていなくとも、経済状況などに基づき政府の業績を判断して投票していると考えるのが**業績投票**の理論である。業績投票の理論では、有権者は、政策すなわち各党が掲げる今後の方針については多くのことを知らないが、これまでの政府の業績については簡単に知ることができるため、通信簿を付けるように政府の業績の良し悪しを基準にして、投票していると考える。

　なお、今まで説明した社会学的理論・社会心理学的理論・経済学的理論は、相互に矛盾するとは限らない点には注意を要する。社会ネットワーク内の他者が支持する政党に対して心理的な帰属感を抱き、かつ、その党の政策を自らの政策と近いと考える有権者がいても不思議ではない。また、それぞれの説明の有効性は、政治状況にも依存する。今日の先進諸国では階級や宗教の重要性は衰退しつつあると思われるが、情報環境としての社会ネットワークの重要性を指摘する研究が近年は増えつつある。また、政策争点の重要性は高まっているように見えるが、明確な争点がない場合、政党という銘柄は、今日においても投票判断の重要な指針だと考えられる。

③ 日本の選挙

●選挙運動

日本の選挙においては、各種団体への挨拶回りや人間関係を通じた投票依頼などの直接的働きかけが重要であると言われてきた。その理由の1つは、政党組織が弱体であり、選挙運動においては農協や業界団体、あるいは労働組合などが歴史的に大きな役割を果たしてきたからである。特に選挙制度改革以前は、候補者の**個人後援会**の重要性が強調された。ただし、選挙における組織の力量は徐々に衰えていると言われる。2013年の公職選挙法改正によりインターネットを利用した選挙運動が解禁されたが、必ずしも十分に活用されていないように見える。直接的な人的ネットワークが弱体化したところを埋めるコンピュータを通じたネットワークが構築できない状況で、選挙運動は従来型の組織固めに重きを置きながらも、メディアを通じたイメージ戦略への依存を強めつつあるように見える。

　ただし、そのような選挙運動の背景には、公職選挙法によって選挙運動が

[図5-2]　選挙運動の様子（2021年）
© 毎日新聞社

厳しく規制されてきた歴史があることは想起するべきであろう。**公職選挙法**では、資金力により選挙結果が左右されないように、選挙運動を細かく規制すると同時に、その費用の一部を税金で賄うようにしている。選挙運動に厳しい規制を設けるようになったのは、1925 年の普通選挙導入からであり、戸別訪問が禁止され、文書図画の配布について制限が設けられた。国政に関する重要政策を記載したパンフレット（いわゆるマニフェスト）の配布が可能になったのは 2003 年の公職選挙法改正によってである。また、選挙運動は、選挙の告示後、立候補の届けを提出して初めて可能になるため、選挙運動の期間は短くならざるをえず、かつ、その短縮が続いていることも、インターネットやソーシャルメディア（◆第 8 章第 3 節）の活用が思うように進まない一因であろう。しかし、選挙期間外の政治的意見表明や社会運動では、ソーシャルメディアが大きな影響力を持つことも増えており、今後の展開次第でソーシャルメディアが選挙で重要な役割を担うことは十分に考えられる。

●選挙権と投票参加

投票率は時代の趨勢や政治意識の変化から影響を受ける。投票率に影響を与える要因としては、人口構成の変化といった人口学的要因、教育程度の上昇・産業化・都市化といった社会経済的要因、そして政治意識の変化による心理的な要因の 3 つがある。ここでは、日本の選挙について、投票率の歴史的推移を確認したい。

　図 5-3 に示すのは、男子普通選挙成立以降の男女別有権者数、投票者数、投票率である。1925 年に衆議院議員選挙法が改正され、25 歳以上の男子による普通選挙が導入された。実際の衆議院選挙は 1928 年に初めて行われたが、有権者数は約 1,241 万人で、投票率は 80.3％ であった。選挙権が 20 歳に引き下げられ、かつ、女性にも拡大されるのは、終戦後の 1945 年 12 月の衆議院議員選挙法改正時である。1946 年に行われた戦後初の衆議院選挙時の総有権者数は約 3,688 万人で、投票率は 72.1％ である。男女別に見ると男性の投票率が 78.5％ であったのに対して、女性の投票率は 67.0％ であった。

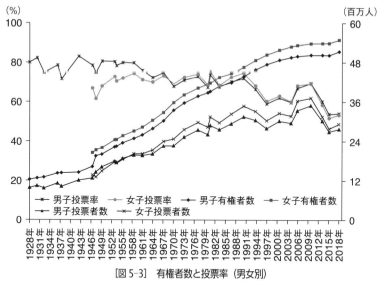

[図 5-3]　有権者数と投票率（男女別）

出典：総務省統計局「日本の長期統計系列」および総務省自治行政局選挙部「選挙結果調」

　その後、男性の投票率が横ばいから徐々に下落したのに対し、女性の投票率は徐々に上昇していき、1969 年の第 32 回衆議院選挙では両者が初めて逆転した。それ以降は、基本的に女性の投票率の方が少しだけ高い状態で推移し、その後も投票者数は女性が男性を上回っているが、投票率では 2009 年の第 45 回衆議院選挙から男性が 1 ポイント前後高い状態が続いている。

　次に年齢であるが、2015 年の公職選挙法改正によって選挙権年齢が満 20 歳以上から満 18 歳以上に引き下げられ、国政選挙では 2016 年 7 月の第 24 回参議院議員選挙から 18・19 歳の投票が可能になっている。その年齢によっても、投票率に差が見られる。図 5-4 に示したのが第 48 回（2017 年）衆議院選挙における男女年齢別の投票率である。高校 3 年生を含む 18-19 歳のグループの投票率は 40% を超えるが、20 歳代前半は 30% 前後である。それよりも上の年齢層は、年齢とともに徐々に投票率が上昇することが分かる。これは、加齢そのものというよりは、ライフステージの効果である。独身時代には投票に行かなくとも、就職を通じて自分の仕事や生活と政治の関係を

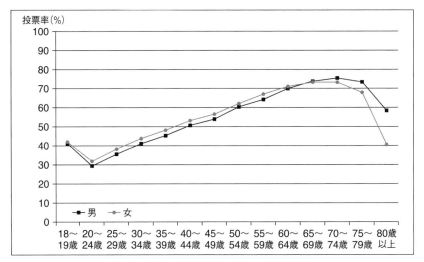

[図5-4]　性・年代別投票率（2017年衆議院選挙）
出典：総務省選挙部「第48回衆議院議員総選挙における年齢別投票状況」2017年12月

考えるようになり、結婚や出産、あるいは子どもの誕生や成長などを通じて
地域社会との関係ができることで、選挙へも参加するようになるのである。
そして、高齢になり、社会生活から徐々に退くのに従って、投票率も下がっ
ていく。

　ここで図5-3に戻ると、投票率について言えば、1958年から1990年まで
ははっきりした傾向があるとは言い難い。しかし、1993年から2003年まで
の10年間は、その前後と比べて、明らかに投票率が低い。この時期の投票
率の低下は、自民党の分裂や自民党と社会党（社民党の前身）を含む連立政
権の成立など、従来の政治的対立軸を超えた政党の離合集散による心理的影
響が大きいと推察される。2005年と2009年における投票率の上昇は、自民
党と民主党の2つの政党が選挙で激しく競争したことにより生じたと考えら
れる。2012年の第46回衆議院選挙以降は、自民党が圧勝を繰り返しており、
与野党の競争度が下がったことが、投票率低下の原因である。

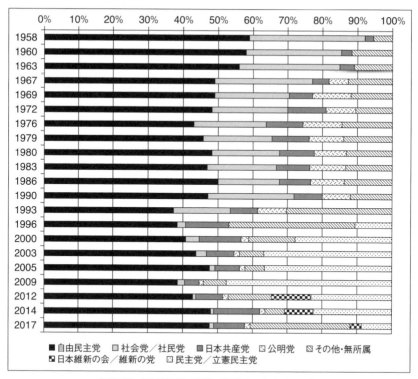

[図 5-5] 相対得票率の推移（選挙区）1958-2017 年

出典：総務省統計局「日本の長期時系列統計」および総務省自治行政局選挙部「選挙結果調」

●投票行動

55 年体制（◆第 6 章第 3 節）が成立してからの衆議院選挙について相対得票率（有効投票全体で各党の得票が占める割合）の推移を示したのが、図 5-5 である*3。この図を見ると、当初は自民党と社会党で 90% 以上の得票を得ていたことが分かる。特に自民党は、1963 年まで 50% 以上の相対得票率を得ていた。それが 1960 年代から 1970 年代半ばにかけて、自民党と社会党

---

*3 中選挙区時代の自民党の得票数については、石川真澄・山口二郎『戦後政治史［第 4 版］』（岩波新書、2021 年）のデータにもとづき、選挙後に入党した保守系無所属の得票を加算している。

[表 5-2] 産業別就業者数（単位：万人）

	第 1 次産業		第 2 次産業		第 3 次産業		全体
1950 年	1,748	49%	784	22%	1,067	30%	3,599
1955 年	1,629	41%	925	23%	1,405	35%	3,959
1960 年	1,439	33%	1,280	29%	1,684	38%	4,403
1965 年	1,186	25%	1,511	32%	2,097	44%	4,794
1970 年	1,015	19%	1,790	34%	2,451	47%	5,255
1975 年	735	14%	1,811	34%	2,752	52%	5,297
1980 年	610	11%	1,874	34%	3,091	55%	5,575
1985 年	541	9%	1,933	33%	3,344	57%	5,819
1990 年	439	7%	2,055	33%	3,642	59%	6,136
1995 年	385	6%	1,994	31%	4,000	63%	6,379
2000 年	321	5%	1,839	30%	4,067	65%	6,227
2005 年	298	5%	1,596	26%	4,142	69%	6,036
2010 年	238	4%	1,412	25%	3,965	71%	5,615
2015 年	222	4%	1,392	25%	3,961	71%	5,576

出典：政府統計の総合窓口（e-Stat）（https://www.e-stat.go.jp/）
「国勢調査結果」（総務省）を加工して作成

を合計した相対得票率は 70% を切るところまで低下した。

　その際に、特に都市部で得票を伸ばしたのが共産党、民社党（1960〜94年）、そして公明党である。1955 年頃、就業者に占める第 1 次産業就業者数は全体の 41% であったが、それが 1960 年には 33%、1970 年には 19% と急激に低下していった。その代わりに、第 2 次産業就業者数が 1955 年の 23%、1960 年の 29%、1970 年の 34% と漸増した（表 5-2）。この時期は、人口が農村部から都市部に移動した時期に重なっており（表 5-3）、いわば産業化の過程に付随して発生した農村から都市への人口移動が、自民党の得票減と民社党・公明党・共産党の得票増加をもたらしたと言える。別の言い方をすれば、農村型社会の人的ネットワークから都市型社会への人的ネットワークへ多くの人びと、特に若者が、進学や就職を契機として移動したことによりこの変動が生じたと考えられる。

[表 5-3]　市部郡部別人口（単位：万人）

	市部人口		郡部人口		総人口
1955 年	5,053	56%	3,954	44%	9,008
1960 年	5,908	63%	3,402	37%	9,430
1965 年	6,736	68%	3,185	32%	9,921
1970 年	7,543	72%	2,924	28%	10,467
1975 年	8,497	76%	2,697	24%	11,194
1980 年	8,919	76%	2,787	24%	11,706
1985 年	9,289	77%	2,816	23%	12,105
1990 年	9,564	77%	2,797	23%	12,361
1995 年	9,801	78%	2,756	22%	12,557
2000 年	9,987	79%	2,706	21%	12,693
2005 年	11,026	86%	1,750	14%	12,777
2010 年	11,616	91%	1,190	9%	12,806
2015 年	11,614	91%	1,096	9%	12,709

出典：政府統計の総合窓口（e-Stat）（https://www.e-stat.go.jp/）
「国勢調査結果」（総務省）を加工して作成

　1970 年代後半以降は、それまでの高度成長期と異なり、経済状況の不安定性が増したことで、経済が有権者の投票判断により大きな影響を与えるようになった。ただし、1980 年代は、先進諸国との比較において日本の経済パフォーマンスが良好であったことから、経済状況は与党であった自民党への投票を促したと考えられる。一方、短期的な要因の重要性が増したことで、選挙における争点によっては、議席数に大きな変化が生じるようになった。また、1993 年に自民党が分裂し、政権交代が起きたことで、有権者が自民党以外の政党へ投票しやすい環境が整ったことも大きい。1990 年代半ばの政党の分裂と離合集散は、どの政党も支持しない人びと（**無党派層**）を急激に増加させたが、そのことも、各政党の得票が選挙ごとに大きく変動する素地を作ったと思われる。

　一方、政党も大きく変化した。衆議院の選挙制度に小選挙区比例代表並立制を導入したことは、一度は、小規模政党の合流と淘汰をもたらした（◆第

6章第3節）。1998年頃は、衆議院で100以上の議席を持つ政党は自民党だけであったが、衆議院の選挙制度では小選挙区の比重が大きいため、選挙の時期が近づくたびに生き残りをかけた政党間の合流・合併が行われた。とりわけ、2003年から2009年にかけては、実質的に自民党と民主党の二大政党的競争状態にあったと言える。2009年の衆院選で民主党は1つの政党の選挙区得票数としては最高の3,347万票を獲得し、政権交代を成し遂げる。しかし、その後の政権運営の迷走、分裂を経て、2012年衆院選ではわずか1,359万票しか獲得できず下野する。自民党はその選挙で圧勝したが、同選挙は低投票率だったこともあり得票は2,564万票に留まった。

　自民党は公明党との連立で再び政権を獲得し、両党の連立政権がその後も継続している（2021年現在）。その一方、野党は党名変更を伴う離合集散を繰り返している。しかしながら、小選挙区制下で生じる政党の戦略的行動は現在も観察される。野党候補が乱立すると与党候補に有利になるので、野党間では選挙のたびに選挙協力や候補者調整が試みられている。実際、2021年衆院選における野党間選挙協力には一定の効果があったように思われる。時間はかかるかもしれないが、1994年の選挙制度改革が想定した政党・政策本位の選挙と政権交代可能な政党間の競争が再び現れる可能性は十分にあるのではないだろうか。

第6章 議会と政党

議会とは何であろうか。一般的には、選挙で選ばれた議員が議案の審議や議決を行う合議制の機関をさす。歴史的には、専制的な国王権力に対抗する諸身分の代表が集う場であり、統治機構における自由主義的な勢力の起源となった。議会の選挙に参加できる有権者の範囲が次第に拡大されてきたことを顧みれば、民主化の趨勢を反映してきたとも言える。

　また、議員たちは政党に所属して活動することが多い。例えば、議会において多数決でものごとを決める場合、議員たちは意見を同じくする、なるべく大勢の集団を組織し続けなければならないからである。従って、議会政治と政党政治は切っても切れない関係にある。両者は代表制民主政治の中核を構成するが、20世紀以降、その有効性が問われてきたことも事実である（◑第2章、第11章）。

　本章では、主に日本の政治を参照しながら、議会と政党の存在意義や種類を説明する。

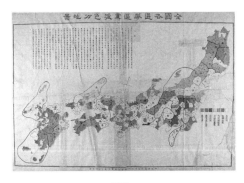

全国各選挙区党派色分地図　帝国議会開設当時（1890年）の各党の地盤が示されている。
東京大学大学院法学政治学研究科附属近代日本法政史料センター　明治新聞雑誌文庫蔵

1 議 会

●議会の役割とタイプ

そもそも、なぜ議会が必要とされるのであろうか。国レベルの議会の役割について言えば、国民の意思を政治に反映させる**国民代表機能**、代表された意思を法律に変換する**立法機能**、公開の場で広く政治的な問題について論じる**審議機能（争点明示機能）**、行政府による活動の適否や過不足をチェックする**行政府監視機能**を挙げることができる。

　いずれの議会も上記の機能を果たさなければならないが、重点の置き方には違いがある。ポルスビーによると、議会のタイプには**変換型**と**アリーナ型**がある。変換型の議会では、政党や議員による意見の調整を通じて、国民の意思を法律に変換することが主な役割となる。これに対してアリーナ型の議会では、政権を担当する政党（与党）と、それ以外の政党（野党）が議論を闘わせる場（アリーナ）としての役割が重視される。

　立法機能を果たす点で両者は同じであるが、変換型では、議会における立法活動は名実ともに政策過程の中心となる。一方アリーナ型では、極論すれば、多数派の政党の意思を議決によって再確認する以上の意味はない。この場合、議会の主な役割は与野党間の応酬により、国民に対して争点の所在を示し、政党間の立場の違いを明らかに示すことになる（争点明示機能）。従って、政策過程の実質的な中心は議会の外、すなわち政党による選挙公約作成や官僚制による法案作成の段階に存在することになる。

●国権の最高機関

それでは、日本の国会は変換型とアリーナ型のどちらのタイプに当てはまるのだろうか。国会の位置付けと仕組み、その評価から考えてみよう。日本国憲法は、国民に政治の最終的な決定権が存するという**国民主権**をうたい、立

法権、行政権、司法権の**三権分立**を定めている。中でも立法府である国会は「国権の最高機関」とされ、主権が存する国民の代表機関としての重要性が強調されている。行政権を行使する内閣は国会からの信任に基礎を置くという**議院内閣制**が採用されており、国会の衆議院が**内閣不信任**を決議すると、内閣は総辞職するか、衆議院議員の総選挙を実施して、あらためて国民の信を問わねばならない（**衆議院の解散**）。また、国会には行政の活動全般を調べるための**国政調査権**が与えられているほか、裁判官を裁くための**弾劾裁判所**としての役割もある。

　議院内閣制の最大の特徴は、内閣を結節点として立法権と行政権が融合している点にある。閣僚は国会に出席できるし、内閣は法案や予算などの議案を国会に提出できる。一方厳格な三権分立を採るアメリカでは、大統領は連邦議会の構成員ではないし、法案を提出することも認められていない。憲法上法案の作成権限を有するのは連邦議会のみである（◆第4章第1節）。アメリカの連邦議会は変換型であり、イギリスの議会はアリーナ型である。大統領制と議院内閣制の違いが議会のタイプの違いと関連しているのは、偶然ではない。

［図6-1］　国会議事堂
写真：アフロ

●国会の仕組みと評価

国会は衆議院と参議院から構成されている。これを**二院制**という。アメリカ
やイギリス、ドイツでは同じく二院制が採用されているが、2つの議院の構
成や役割は国ごとにさまざまである。一方、スウェーデンやイスラエルのよ
うに、一院制の議会も存在する。列国議会同盟の調査によると、二院制の国
は81、一院制の国は111と後者の方が多い。

　日本の国会では、法案を成立させたり、予算や条約を承認したり、内閣総
理大臣を指名したりするには、原則として衆参それぞれの過半数の賛成が求
められる。衆参両院は基本的には対等の立場にあるが、両院の意見が一致せ
ず、国会としての意思決定ができなくなることを避けるために、**衆議院の優
越**が定められている。法案への賛否が衆参で異なる場合、衆議院が3分の2
の多数をもって再可決すれば、それが法律となる。予算や条約の承認、内閣
総理大臣の指名については、衆参で意見が異なる場合、衆議院の議決が国会
の議決となる。

　国会の審議は、衆参の双方とも議員が一堂に会する**本会議**と専門の領域に

[表6-1]　衆議院常任委員会、自民党政調部会、省庁主なものの対応関係

常任委員会	部　会	省　庁
内閣委員会	内閣第一部会・内閣第二部会	内閣府
総務委員会	総務部会	総務省
法務委員会	法務部会	法務省
外務委員会	外交部会	外務省
財務金融委員会	財務金融部会	財務省・金融庁
文部科学委員会	文部科学部会	文部科学省
厚生労働委員会	厚生労働部会	厚生労働省
農林水産委員会	農林部会、水産部会	農林水産省
経済産業委員会	経済産業部会	経済産業省
国土交通委員会	国土交通部会	国土交通省
環境委員会	環境部会	環境省
安全保障委員会	国防部会	防衛省

その他の常任委員会としては、国家基本政策、予算、決算行政監視、議院運営、懲罰の各委員会がある

[図 6-2-1] 衆議院本会議
© 毎日新聞社

[図 6-2-2] 衆院予算委員会
写真：つのだよしお／アフロ

分かれて設置されている**委員会**の両方で行われる。基本的な構成はアメリカの連邦議会と似ており、審議の重点が委員会よりも本会議にあるイギリスの議会とは異なる。国会における法案審議の流れは、法案が提出されると、議長がふさわしい委員会に付託し、そこでの審議を経て可決されると、本会議で再び議決されるという2段階の過程を両院で経ることになる。また、国会は常に開かれているわけではない。毎年1月に召集されて主に次年度の予算を審議する150日間の通常国会（常会）、臨時に開かれる臨時国会（臨時会）、衆議院議員総選挙後に衆議院議長の選挙や内閣総理大臣の指名を行う特別国会（特別会）の3種類がある。これを会期制という。会期をまたいで、同じ法案を審議することはできない（会期不継続の原則）。

　かつて自民党が衆参両院で過半数を占めていた時代には、国会は内閣（その背後に控える官僚制）の思惑通りに議決するものであり、所詮、承認の「ゴム印」を押すだけの存在にすぎないという**国会無能論**が主張されたことがあった。日本における内閣提出法案（閣法）の割合と成立率の高さと相まって、この議論は官僚制優位論（◆第7章第1節）の有力な根拠を構成した。しかし、二院制や委員会制の下では法案の審議により多くの時間が求められる一方、同一の会期内には審議を終える必要がある。このようなハードルとタイムリミットの存在が、法案成立阻止を狙う野党側の抵抗（＝粘着性）を容易にしてきたという指摘（**粘着性論**）もある。

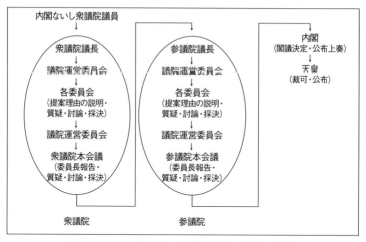

[図6-3] 法案審議の流れ（衆議院から先に審議する場合）

　二院制が提起する問題についても論じておこう。2007年参院選において自民党と公明党の連立与党が敗北し、参議院の与党が過半数割れに追い込まれた。その結果、衆議院と参議院の多数派が異なる「**ねじれ国会**」が発生し、この期間における内閣提出法案の成立率は著しく低下した（図6-4、第167回～第171回国会）。当時、連立与党は衆議院の3分の2の議席を確保しており、参議院と議決が異なる場合は再可決で応じてきた。2009年衆院選の結果、民主党を中心とする連立政権が成立したが、翌年の参院選で過半数を確保できず、衆議院の議席が3分の2に足りないために再可決も望めない状況に陥った。その後、2012年衆院選で政権を奪還した自民党と公明党は2013年参院選でも過半数の議席を獲得し、ねじれは解消された。

　二院制は国会審議を異なる視点から慎重に行うための制度であり、本来の機能を発揮しているとも評価できる。一方で、政府・与党の政権運営にとっては大きな桎梏となりえる。

　日本の国会が多数派優位のアリーナ型の議会であるという観点から、国会無能論と粘着性論を考えてみよう。アリーナ型議会では、与党の意向は最終的には常に通るはずであり、その意味で国会が「ゴム印」になるのは不思議

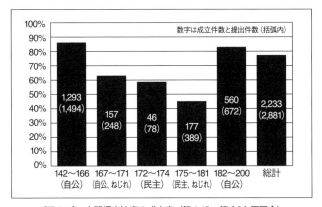

[図6-4] 内閣提出法案の成立率（第142〜第200回国会）
注：法案が成立した会期と提出された会期は異なる場合がある
出典：http://www.shugiin.go.jp/index.nsf/html/index_gian.htm

ではない。その一方で、野党はさまざまな機会を捉えて、与党を執拗に妨害し、世間の耳目を集めることに存在意義を見出すはずである。さらに言えば、野党による抵抗の可能性があるということは、与党による国会運営の巧拙が法案の成立を左右することを意味する。国会運営は政治家の仕事であり、この点が法案のスムーズな成立を望む官僚に対して、与党政治家が影響力を発揮する源泉になっているとも考えられる。

　しかし、衆参で多数派が異なるねじれ国会の出現は、アリーナ型議会という見立てに慎重さを求める。与党は他党との連立によって参議院の過半数を確保するか、衆議院で再可決するか、いずれも不可能な場合は法案の修正など野党に譲歩することが必要となる。そのため、国会が変換型の性質を帯びる可能性も否定はできない。

② 政党と政党制

●政党の役割とタイプ

政党とは何か。共通の政策的な目的を実現するために、政治権力に参画しようとする団体の総称とまとめることができよう。では、なぜ政党は必要なのか。日本国憲法には政党の規定は1つもない。しかし、現代の代議制民主政治が作動するためには、政党の存在は必要不可欠である。政党が果たしている機能としては、次のようなものが挙げられる。

　まず、何が重要な争点であり、どのような解決策が望ましいのか、その問題を解決できるのは誰か、有権者に情報を提供する**政治的社会化機能**、有権者から寄せられるさまざまな要求をまとめる**利益の集約機能**、これらは有権者との関係において政党が果たさなければならない役割である。また、有権者の意思を政治に反映させるために、政党は政治家を育成し、政府を運営しなければならない。政治を担う人材を選抜し、育て上げる**政治リーダーの選出機能**、政府を運営する**政府の形成機能**も重要である。

　政党は、その成り立ちの経緯や社会の変化に対する適応の仕方、国家との関係のありかたなどに応じて、さまざまなタイプに分けることができる。**幹部政党**と**大衆政党**は主に成立の経緯に注目した分類である。幹部政党は、地方の名望家（有力者）が代表を議会に送り出したり、自らが議員となったりして、議会内で議員同士が集うことにより成立したタイプの政党とされる。有力者中心の、ゆるやかなつながりを特徴とする。保守主義や自由主義に基づく主張を掲げる政党に多い。

　それに対して、大衆政党とは、社会主義や宗教など何らかの価値観を実現するための議会外の大衆組織が基礎となり、その組織が議員たちを指導するというタイプの政党である。議会外の組織を図式化すると、ピラミッド型に構成された階層的な組織が底辺では一般党員を包摂し、その頂上からは党指

導部が強い指導力を発揮するというイメージである（コラム「寡頭制の鉄則」参照）。典型的には、労働者が主要な支持者となり、社会主義的な主張を掲げる政党に多い。労働者の生活改善や政治的要求の実現が最優先課題である。

コラム

寡頭制の鉄則

20世紀初頭におけるドイツの社会民主党を題材に、ミヘルスが提唱した法則である（◆第2章）。社会民主党は政治から閉め出されていた労働者階級の利益を代表しており、政治の民主化を推し進める存在のはずであった。しかし、政党内部の意思決定は、巨大な党組織の頂上に位置する一握りの指導者層に委ねられており、民主的ではないという矛盾をミヘルスは指摘したのである。先述のように、大衆政党は巨大なピラミッド型の組織を議会外に形成し、その組織の指導者層には大きな力が与えられるという特徴がある。大衆政党に限らず、あらゆる組織には寡頭制が生じるという意味で、それは「鉄則」であると、ミヘルスは主張する。近年、各国の政党では一般党員が党首選びに参加する事例が珍しくなくなった。日本でも自民党の総裁を選ぶ際、党員による投票を実施する場合が増えている。それは鉄則に対する反証といえるのか、それとも、大衆の支持を背景に力を振るう指導者が誕生し、寡頭制が独裁制に置き代わっただけなのか、慎重な見極めが必要である。　　（上神貴佳）

これら2つの類型は主に19世紀以降のヨーロッパ諸国の事例を念頭に置いて考えられたものである。しかし、キルヒハイマーによると、第2次世界大戦後、いわゆる西側諸国では高度経済成長が実現したため、労働者の生活改善を掲げる社会主義や、それに対抗する自由主義といったイデオロギーの魅力が薄れてきた。これまでの政党はイデオロギーを掲げ、特定の有権者の支持を得ることを目標としてきたが、さまざまな階層の有権者を対象として支持を訴えるように変わっていった。このようなタイプの政党を**包括政党**と

いう。包括政党と有権者との接点は、議会外の大衆組織からマスメディアや利益集団を通じたものへと、重点が移っていった点が特徴である。

支持政党を持たない人々（無党派層）の増大に見られるように、政党と有権者のつながりが弱くなる傾向は続いた（◆第5章第3節）。そのため、政党は有権者の支持を得る手段として、マスメディアや世論調査への依存を強めるようになった（◆第8章）。特に選挙において、宣伝やマーケティングの専門家が大きな役割を果たすようになる。それが**選挙プロフェッショナル政党**である。その反面では、伝統的な政党組織の役割がさらに小さくなり、政党は党員数の減少に見舞われている。党費を納める党員の減少は党財政に悪影響を与えるため、政党は新たな資金源の確保を迫られる。そこで、政党間で「談合」し、国家財政から政党に対する補助を行うことを決めてしまう。このような政党を**カルテル政党**と呼ぶ。

政党は国家と社会を結ぶ重要な役割を担っている。社会におけるさまざまな利益を政治過程に反映させ、国家権力をコントロールすることが政党の重要な機能であることには変わりない。しかし、カルテル政党に見られるように、政党がその役割を果たす上で、社会から国家へと存立基盤を次第に移しつつある傾向がうかがえる。しかし、政党が社会から遊離し過ぎると、有権者を代表する力が弱くなり、政治不信の昂進や既存政党を批判しつつ極端な主張を掲げる新興政党の台頭を招くであろう。

●政党制とは

政党と政党の関係にもさまざまなタイプがある。こうした政党同士の関係を**政党制**と呼ぶ。サルトーリによると、それに含まれる主要な政党の数とこれらの間の競争関係を考慮して、政党制を区別できる。まず、1つの政党が政権を握り続けている場合、それを**一党優位政党制**と呼ぶ。自民党の長期政権が続いたかつての日本のような事例に当てはまる。このタイプは自由な選挙により、結果として1つの政党が与党であり続けている場合に当てはまり、そもそも複数の政党間の競争を認めていない**一党制**とは区別される。

　2つの大きな政党が政権の座をめぐって競争しているような場合、それを**二大政党制**と呼ぶ。民主党と共和党が大統領のポストや議会の多数派を占めてきたアメリカの事例を想起されたい。

　突出して大きな政党が存在するわけではなく、いくつかの政党が連立政権を形成するのが常である場合、それは多党制である。この多党制には、**穏健的多党制**と**分極的多党制**の2つがある。前者にはイデオロギー的に極端な立場を取り、政治体制自体の正統性に挑戦するような政党は存在しないため、政党間の競争が求心的で穏健なものになる。それに対して、後者には極端な反体制政党が存在し、その結果、政党間の競争には遠心力が働く。連立政権も不安定にならざるをえない。

　政党制は変容するものである。例えば、イギリスは長らく典型的な二大政党制の国とされてきたが、2010年の政権交代を経て、保守党と自由民主党の連立政権が成立した。一方、日本は長年続いた自民党の一党優位政党制から、2009年の民主党への政権交代を経て、二大政党制の方向に進むかのようにも見えた。しかし、現在は公明党を連立政権のパートナーとしつつ、再び自民党が優位となっている。あるいは、参議院の多数派を確保するために連立政権の形成が必要となったことを考慮に入れると、穏健な多党制に落ち着きつつあるのかもしれない。

　さて、それぞれの政党制には固有の政党間競争のパターンがあることを述べた。この点について、**ダウンズの空間競争理論**を参照しながら、さらに説明する。ダウンズは経済学における企業の空間立地研究を政治学に応用し、有権者の分布と政党間の競争には関係があることを指摘した。まず、政策空間というものを想定する。例えば、政府の経済政策について、最大限の政府介入を認めるべきだという考え方の有権者は最も左に位置し、まったく介入を認めるべきではないという考え方の有権者は最も右に位置する。そして各有権者は自分の政策的立場に最も近い政党に投票するか、近い政党がないと感じると棄権する（◐第5章第2節）。政党もまた、有権者からの支持を最大化するために政策的立場を調整するものであるとしよう。

　左右どちらでもない（＝適度の政府による介入を認める）有権者が最も多い場合、政策空間では真中に位置する有権者が最も多い単峰型の分布となる（図6-5a）。従って、もし二大政党制が成立していたならば、各党は真中に限りなく近い立場を取ることが、得票を最大化するために合理的となる。一方、有権者の分布が左右両端に偏っている双峰型の場合（図6-5b）、政党はいずれか両端に近い立場を取ることが合理的となる。

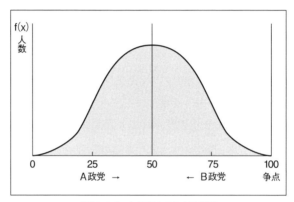

[図6-5a]　有権者の分布と政党制

出典：ダウンズ（1980）

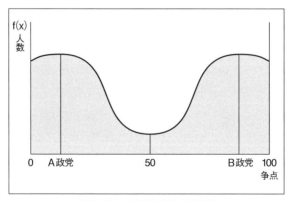

[図6-5b]　有権者の分布と政党制

3　戦後日本の政党政治

●55年体制

戦後日本の政党政治は、1955年の保守合同と左右社会党合同による**55年体制**の成立を第1の画期とする。保守合同とは、自由党と日本民主党[*1]という保守政党同士の合同による、**自由民主党**の成立をさす。自民党政権は1993年の非自民連立政権の成立に至るまで長期間継続することになる（一党優位政党制）。保守合同の背景には、それまで分裂していた左派社会党と右派社会党が合同し、**日本社会党**（社会党）が成立したことに対する危機感があった。

　また、自民党と社会党の国会における勢力比は、自民党1に対して社会党はその半分であった。当時の最大の争点の1つは憲法改正であり、その発議を阻止するために必要な3分の1の議席数を社会党側が保持していたことを意味する。憲法改正・日米同盟・資本主義体制の維持・日本の伝統的な価値観の擁護を主張する「右」の保守陣営と、憲法擁護・非武装中立・社会主義体制への変革・伝統的な価値観からの訣別を主張する「左」の革新陣営。この左右ないし保革対立が戦後日本政治を特徴付けることになる。この対立は日米安全保障条約の改定をめぐり、岸信介内閣で1つの頂点を迎えた。

　1960年代になると、政策的には自民党と社会党の中間にある、中道政党が政界に進出し、野党を多党化していった。まず、1960年には社会党が再分裂する。かつての右派の一部が党を離れ、民主社会党（**民社党**）を結成した。また、1960年代半ばには、宗教団体を主な支持団体とする**公明党**が都市部を中心に進出した。55年体制の成立以前から存在していた**日本共産党**の勢力も次第に伸びていき、多党化が進展することになった。一方の自民党

[*1]　民主党（1996-1998、1998-2016）とは別の政党である。

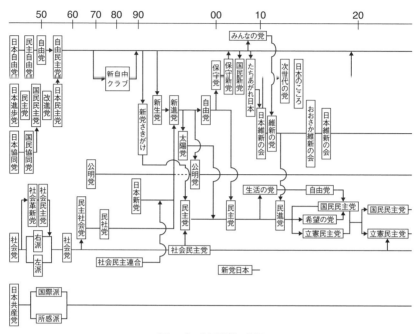

[図6-6] 主要政党の変遷

側は、高度経済成長を促進した池田勇人内閣、公害や福祉への取り組みを迫られた佐藤栄作内閣、地域間格差の是正を掲げた田中角栄内閣と、日本社会の変化に対応していった。各党の離合集散については、図6-6を参照されたい。

●保守安定支配

歴史の後知恵で見れば、自民党政権の長期化を当然視しがちであるが、少なくとも1970年代末までは、自民党の長期低落傾向と野党勢力の得票増加を背景に、非自民の連立政権構想が語られもした。しかし、二度の石油ショックを乗り越え、先進諸国の中では相対的に経済的なパフォーマンスが良かったこともあり、1980年代には有権者の保守回帰が明らかとなってくる。1986年の衆参同日選挙では、予算の歳出削減と国鉄、電電公社等の民営化

を推進した中曾根康弘首相が率いる自民党は、衆議院で300議席を占めるに至った。

　この頃の自民党は社会におけるさまざまな利益を代表する**包括政党**であった。党内における議員集団である**派閥**が人事と政治資金を調整し、政権の長期化に伴い、特定の分野に詳しい**族議員**が政策過程において大きな役割を果たすようになった（◆第7章第1節）。官僚に対する政治家の優位が主張されるようになったのも、この頃からである。しかし、族議員が特定の業界や選挙区の利害を重視し、官僚制との調整に意を砕くことになり、**利益誘導政治**の跋扈を招いた。これは「政治とカネ」の問題として噴出し、自民党一党優位政党制を揺るがすきっかけを作った。また、保革対立を特徴とする戦後日本のイデオロギー政治も、アメリカとソ連の冷戦が1989年に終結したことにより、その意味を大きく失うことになる。

●政界再編

55年体制の末期には政治とカネの問題が次々と発覚したが、竹下登内閣時に起こったリクルート事件は典型的なものである。これらの事件により、国民は政治改革の必要性を強く印象づけられた。このような政治腐敗が発生する根本的な原因は、中選挙区制において自民党の候補者同士がサービス合戦を強いられることにあり、選挙制度を改革すれば過剰な政治資金の投入は不必要となると考えられた（コラム「政治改革」参照）。この政治改革問題への対処をめぐり、最大派閥である竹下派内の権力闘争もあり、自民党は分裂した。直後の1993年衆院選の結果、非自民連立政権の細川護熙内閣が成立した。

　紆余曲折を経て、小選挙区比例代表並立制の導入を柱とする政治改革関連法案が細川内閣の手で成立した。政治改革を成し遂げた非自民連立政権は求心力を失い、代わって自民党と社会党、新党さきがけの三党連立政権が成立する。自社対決を最大の特徴とする55年体制は完全に終焉したといえよう。また、新たに導入された小選挙区制においては、野党の候補者が分立してい

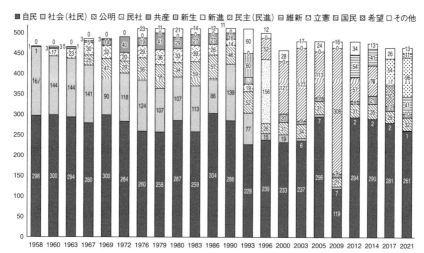

[図6-7a] 衆議院・主要政党別議席数の推移

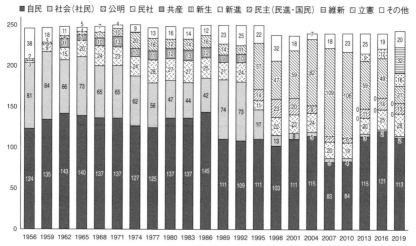

[図6-7b] 参議院・主要政党別議席数の推移

[図 6-8-1] 自由民主党結党大会
© 毎日新聞社

[図 6-8-2] 立憲民主党結党大会（2020 年）
© 毎日新聞社

ては自民党に太刀打ちできない。そこで、野党の結集がはかられ、まずは小沢一郎が主導する新進党が成立したが、1996 年衆院選で議席が伸び悩み、同党は短期間で解党した。1996 年衆院選直前には鳩山由紀夫と菅直人が主導して**民主党**も結成された。民主党は旧新進党議員の多くを吸収し、2003 年衆院選前には小沢らも合流するなど、野党第一党の地位を揺るぎないものにした。

　一方の自民党は、与党に復帰はしていたものの、もはや単独で政権を担当する力はなかった。橋本龍太郎内閣は旧新進党議員を入党させるなどして衆議院での単独過半数を回復したが、1998 年参院選で敗北し、今度は参議院の過半数を失った。それに対応するため、自民党は公明党を連立政権に招き入れた。

　2005 年衆院選では、郵政民営化を主張する小泉純一郎首相が率いる自民党が、巧みな選挙戦略もあって大勝したが、民主党は 2007 年参院選で党勢を回復した。さらに 2009 年衆院選では、民主党が**政権交代**を達成し、鳩山由紀夫内閣が成立したが、政権運営をめぐる党内対立が激化し、2012 年衆院選で議席を大幅に減らした。その結果、自公両党を与党とする安倍晋三内閣が再び成立し、アベノミクスによる景気浮揚や集団的自衛権に基づく法整備などを行い、2020 年まで長期政権を維持した。政治の仕組みは、かつての自民党長期政権時代に形成されたものとは異なり、官邸主導（◆第 4 章第 2 節、第 7 章第 2 節）が顕著となっている。他方、民主党は 2012 年以降離

合集散を繰り返し、現在は**立憲民主党**などになっている。

コラム
政治改革

政治改革という言葉にはさまざまな意味が含まれている。1990年代における日本の政治改革が言及される場合には、1994年に成立した政治改革関連3法案の内容を参照すればよいであろう。まず、公職選挙法の改正により、かつての中選挙区制から小選挙区比例代表並立制へと、衆議院の選挙制度が変更された（◊第5章第1節）。中選挙区制下の自民党候補者同士の争いが解消されるため、派閥政治が消滅するだけでなく、政党主体の政策論争が中心となり、カネのかからない選挙が実現することが期待された。また、小選挙区制の導入は分立している野党に結集を迫るから、自民党に取って代わりうる政党が生まれ、政権交代が実現するとも考えられた。さらに、企業・団体献金を厳しく制限し、政治資金の公開性を高めるために政治資金規正法が改正され、代わりに年間約300億円の助成金を各党に交付し、政党中心の政治資金の流れを促す政党助成法が導入された。一連の改革の結果、中選挙区制時代の候補者本位の選挙に代わり、政党本位の選挙、派閥の影響力低下はかなりの程度進んだが、非自民勢力の勢力回復は遅れている。また、政治とカネをめぐる疑惑も後を絶たない。90年代改革の成果をふまえながら、なお残された課題について粘り強く取り組む必要があろう。　　　　　　（上神貴佳）

第7章 政策過程と官僚・利益集団

政策とは、政治を行うにあたってのめざす方向や手段のことを言う。「早寝早起きが自分の政策」など政治とは無関係な用法と区別するため、公共政策と呼ぶ場合もある。国の安全保障から地域のごみ収集まで、人びとは大小さまざまな政策に直接的・間接的なかかわりを持っている。政策過程では、人びとに選ばれた代表（政治家）と並んで行政機関や利益集団も、課題の発見から解決策の検討、決定、実行、評価に至るまで影響力を行使している。人びとが政治家を選挙し、政治家が政策を決定し、その政策を行政が実行する——という民主政治の古典的図式に収まりきらない、現代における行政機関や利益集団の機能を考えてみよう。

国会議事堂（中央）と行政機関の庁舎群（右下）。住所にちなんで、前者は「永田町」、後者は「霞が関」と俗称される。

写真：アフロ

1 政策過程

●政策のサイクル

政策はどのようにして作られ、実行されるのだろうか。ここでは、1つの政策がたどる道のりを、①**議題設定**、②**政策立案**、③**政策決定**、④**政策執行**、⑤**政策評価**に分けて考えることにしよう（西尾 2001）。

　まず、議題設定とは、社会にあるさまざまな問題の中から、政治が対応すべき政策課題として議論の俎上に載せることを言う。選挙のときに政党や候補者が配布する公約は政策課題のリストと言える。選挙以外でも、大臣や知事などが検討を指示したり、国会や地方議会で議員が話題にしたりという形もある。政治家からの入力がなくても、行政機関内で課題を認知することも多く、他にも利益集団の働きかけやマスメディアの報道なども、議題設定の機能を担っている。

　このように顕在化した政策課題について、具体的な対策としての政策案を練り上げるのが、第2段階の政策立案である。国の政治では、議員提出法案

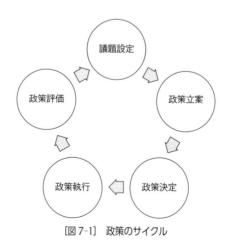

[図7-1]　政策のサイクル

のようにもっぱら政治家が政策立案を行うこともあるが、内閣提出法案については、行政機関が政策立案機能を担う場合がほとんどである（◆第4章第1節）。このようにして作られた政策案を、法律案ならば国会のような決定権限のある機関が審議し、決めることが、第3段階の政策決定である。

決定された政策は、行政機関によって第4段階の政策執行に至る。執行と言っても、あらかじめ法律で細かく定められたルールを機械的に適用するイメージでは必ずしもない。政策を実施するための詳細は政令・省令など行政立法（国会ではなく、内閣や大臣が定める）に委ねられる場合も多く、さらに個別具体の事例に接する**第一線職員**の役割も小さくない。こうして実行された政策が、所期の目的を効率的に達成できたか振り返るのが、第5段階の政策評価である。**行政事業レビュー**は、行政機関外の視点も入れながらそれぞれの事業ごとに必要性などを公開の場で判定する、政策評価の一手法である。

1年間の歳入と歳出の見積である**予算**は、さまざまな政策に金銭面で裏付けを与える意味で、政策の中の政策と言える。国の予算のサイクルは以下のとおりである（表7-1を参照）。まず、毎年9月までに各府省は財務省に対して、来年度に政策を行うための予算を要求する（**概算要求**）。財務省は各府省からの概算要求を査定し、12月末までに内閣としての予算案を作成する。ここまでが**予算編成**であり、政策過程の立案に相当する。

その後、内閣は国会に予算案を提出し、衆議院、参議院の順番で審議を受ける。通常、衆参両院の議決を経て予算が成立するが、もし両院が異なった

[表7-1] 2022（令和4）年度予算が成立するまで

2021年7月31日	概算要求基準閣議了解
9月7日	各省庁の予算要求（概算要求）
12月24日	予算政府案を閣議決定
2022年1月17日	予算政府案を国会提出
2月22日	衆議院、予算案可決
3月22日	参議院、予算案可決、2022年度予算成立

議決をして両院協議会でも意見が一致しないとき、または参議院が衆議院の可決した予算を受け取ってから 30 日以内に議決しないときは、衆議院の議決が優先される。これが予算の決定過程である。

予算が成立すると、それぞれの行政機関によって年度末までに予算が執行される。年度が終わると、各行政機関は決算報告を作成し、また内閣から独立した機関である**会計検査院**は、予算が正しく、無駄なく、有効に使われたかどうか会計検査を行う。そして決算報告は国会で審議され、承認を受ける。

●政治家と官僚

このように政策過程においては、政治家と並んで行政機関が果たす役割が大きい。行政機関で働く公務員の、政治的または組織的な特徴に注目する場合、彼らを**官僚**（**制**）と呼ぶことがある。この政治家と官僚の関係について、日本では官僚の影響力が大きすぎるという議論（**官僚制優位論**）が根強く存在する。国会で成立する法律のほとんどは、官僚によって議題設定・政策立案され、国会における政策決定においてすら、官僚が大臣に代わり法案を説明することがある。こうして成立した法律には大まかなことしか書かれておらず、政策の行方を左右する実質的な事柄は行政立法や第一線職員の裁量に委ねられることもしばしば、という見方である。

これに対して、政策過程における政治家の役割をより大きく捉える説（**政党優位論**）もある。そもそも国会は国の唯一の立法機関であり、いくら官僚が法案を作成しても、政治家が首を縦に振らない限り、それを法律にはできない。官僚が政策過程で小さくない役割を果たすにしても、それは政治家の意向を酌んで行動する、いわば政治家の代理人にすぎない、という主張である。例えば、自民党政権が続いていた 1960 年代以降、内閣提出法案であっても自民党による**事前審査**を受ける必要があった。まず**政務調査会**（政調）の関係**部会**で議論された後、政務調査会審議会、総務会の順に了承されて、ようやく法案を国会に提出することができた。各省庁にほぼ対応した縦割り組織である政調部会（表 6-1）には、特定の政策分野に高い関心を持ち、長

年携わってきた議員（**族議員**）がいて、官僚よりも豊富な専門知識を持っている場合もある。

ただ、そもそも議院内閣制においては、国民が国会議員を直接選挙し、国会議員の中から内閣総理大臣が指名され、内閣総理大臣が大臣を任命し、各省の大臣がそれぞれの行政機関を指揮監督するというのが、政治家が行政をコントロールするための本筋である。族議員とは、言うなれば官僚化した政治家であって、政策過程における彼らの影響力は、もともと政治家に期待されたリーダーシップとは様相を異にする。

そこで、1990年代の終わりから、政策過程における本来の政治主導を確立すべく、さまざまな制度改革が行われた。例えば、1999年の**国会審議活性化法**は、各府省の大臣の下に**副大臣**や**大臣政務官**（大臣・副大臣・大臣政務官を合わせて**政務三役**と呼ばれる）を置き、多くの政治家が行政機関に入って政策過程における主導権を握れるようにした。また、2001年には内閣官房や内閣府の機能を強化し、2014年には外交・安全保障政策をつかさどる**国家安全保障局**と幹部官僚の人事を行う**内閣人事局**を内閣官房に設置するなど内閣総理大臣のリーダーシップを高めるための工夫が講じられた（◆第4章第2節）。ただし、政治家による統制が行きすぎ、**官僚の中立性**が損なわれたという議論もある。

コラム

官僚主導・官邸主導・政治主導

日本ではかつて官僚主導が批判されていた。政策にかかわることは、各省庁の官僚がお膳立てし、政治家は細かな注文を付けても大筋で任せきりなのが普通であった。一般の国民も政策運営の主体は官僚だと認識しており、業界団体などを通じて官僚に意見を表明し、政治家への働きかけは官僚に影響を与えることが目的であった。既存政策をもとに省庁単位で問題が処理され、省庁をまたぐ課題への取り組みは弱く、政策の変化はゆっくりしていた。

　それが変化の時代に合わないという批判を受け、政治主導が主張された。2009年からの民主党政権では、政権担当能力不足によって、政治主導は大きな挫折を経験したが、流れは止まらなかった。2012年次以降の安倍内閣・菅内閣でも、政治主導が掲げられ、官邸主導が具体的な姿だとされた。官邸とは首相官邸に陣取る政治家と官僚（首相、正副官房長官、首相秘書官、首相補佐官など）の混合チームである。官邸主導では、首相などの了解のもと、官邸官僚が省庁の頭越しに政策を立案し、それを政府の決定として押し通す傾向が強まった。また、首相や官房長官が、省庁幹部人事を左右することで官僚を統制下に置き、方針に従わせるだけでなく、官僚を与党議員の根回しにまで使うようになった。

　ただ、官邸主導は、従来型の政策形成過程を、一部の政治家と官僚が乗っ取ったもので、省庁からの知恵を集めることも難しく、国民との対話も欠如しているので、意外に思い切った政策を打ち出せなかった。そのため、「省庁の縦割り打破」などを除けば、政治主導の成果は限られ、逆に政策実施事務の中立性が損なわれるという弊害が出てきたのである。

　求められる政治主導とは、政権党などを通じた有権者との対話を前提に、政治指導者が政策アジェンダを設定し、官僚たちが立案した選択肢から政策決定を行うことで、政策環境が求める政策を実現しつつ、国民の了解も確保するということである。そこで政治主導が機能するためには、政策形成過程の改革、官僚の役割転換、政治家の能力向上、政党の機能拡充、政党と有権者との接点の拡大など、欠けている要素を埋める必要がある。官邸主導は、政治主導の終着点ではなく、第一歩に過ぎないのである。　　　　　（飯尾潤）

官 僚

●官僚制とは

日本には、国の機関で働く 59 万人の**国家公務員**と、地方自治体で働く 274 万人の**地方公務員**がいる（2021 年現在）。公務員数で見る限り、日本は「小さな政府」である（図 7-2）。国家公務員の採用は、原則として公開平等の採用試験によって行われ、人事評価に基づいて昇任が決定される。国家公務員採用試験には、いくつかの種類（総合職・一般職など）と試験の区分（政治・国際、法律、経済など）があり、最難関とされる総合職試験の場合、2020 年度には約 2 万人が受験して、約 1,900 人が合格した。さらに合格者の中から選抜され、各行政機関に採用されるに至った約 750 人がいわゆる「キャリア」官僚、将来の幹部候補生である。

　国の行政は内閣によって担われ、内閣官房・内閣府や、法務省・外務省・財務省といった**省**などが置かれている（図 7-3）。なお、会計検査院も国の行政機関であるが、業務の性質上、法律によって内閣に対して独立の地位を

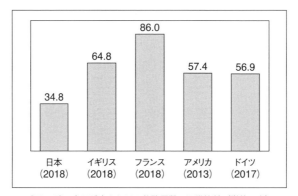

[図 7-2]　人口千人あたりの公務員数の国際比較（単位：人）

注：中央政府職員・政府企業職員・地方政府職員の合計。軍人・国防職員を含まない。
出典：内閣人事局

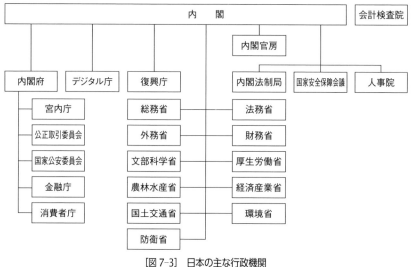

[図7-3] 日本の主な行政機関

与えられている。各省内には官房と局があり、その下に課と室が設置される。官房／局と課／室の中間に部が置かれることもある。各組織の所掌事務すなわち権限の範囲は政省令などで定められる。役職で言うと、政務三役（大臣・副大臣・大臣政務官）の下に官僚のトップである事務次官がおり、以下、官房長と各局長、部を置く場合は部長、各局や部の次長、課長や室長、課長補佐、係員という**階統制構造**になっている[1]。

　マックス・ヴェーバーは、階統制構造、明確な権限、資格に基づいた採用、在職年数や業績に基づく昇任などを、近代官僚制の特徴として指摘している。この官僚制組織は、正確で安定的な事務処理や組織の規律などの面で優れており、行政機関に限らず、政党、軍隊、営利企業、教会など、社会のさまざまな組織に観察できる現象とされる（ウェーバー 1970）。そして上で見たとおり、日本の行政機関もこうした近代官僚制の原理を備えている。

---

[1]　本文で挙げた以外にも、省の外局である「庁」（例えば国税庁や文化庁）や「委員会」（例えば公害等調整委員会や中央労働委員会）が置かれる場合があり、また次官級の「○○（省名）審議官」、次長級の「審議官」、課長級の「参事官」など、さまざまな名称の役職が置かれている。

●官僚制批判

ヴェーバーのように近代官僚制の合理性に注目した議論がある一方で、ロバート・マートンは官僚制の逆機能、つまりマイナス面を強調する（マートン 1961）。例えば、ルールに従って仕事をすることは、同じような案件なのに対応がバラバラという事態を避けるためには良いが、他方で、ルールとは目的を達成するための手段にすぎないことを忘れて、いつしかルールを守ること自体が目的になり、柔軟な対応を欠いてしまうことがある（**法規万能主義**）。また、ルールの客観的な適用が重視されるあまり、人びとの目には行政の対応が機械的、冷淡に映ることもある。さらに、各部局の権限を明確にして分業体制を取っていることは、裏を返せば国民全体の利益よりも、自分が所属している組織にとっての利害を優先してしまうセクショナリズム（**部局割拠主義**）に陥る恐れがある。

　もう1つの官僚制批判は、行政の肥大化に対するものである（◆第3章第3節）。行政の役割が増大した結果、第1節で述べたように有権者から直接選挙されていない官僚が、政策過程において実質的な主導権を握ってしまう場合がある。また、民間の企業や団体に任せられる事業まで、国や地方自治体が手掛ける例も見られる。そこでは、赤字を続けた企業は倒産するが、国や地方自治体は赤字を税金で穴埋めできるため、経営感覚を欠き、事業が非効率になりがちである（**モラル・ハザード**）。1964年以降赤字を続け、特に1980年代には毎年1兆円超の赤字を生んでいた日本国有鉄道（国鉄）は、モラル・ハザードの典型例である。国鉄は1987年に分割民営化され、生産性が向上した結果、2005年にはJRグループ7社で5,000億円の経常黒字を計上した[*2]。また、官僚が退職した後、在職中の仕事に関連する民間企業や特殊法人（法令に基づいて設立された公社、公団、事業団など）に再就職する「**天下り**」も、官僚と天下り先との癒着の恐れがあるとして問題視され

[*2]　一方で、2005年4月25日に発生し、106名が犠牲になった福知山線列車事故は、経営効率化に傾注するあまり安全管理体制に万全を欠いた、JR西日本の経営姿勢が原因という指摘がある。

た。

●行政改革

以上のような批判に応えて、簡素で効率的な行政を実現するための**行政改革**が、特に1980年代から繰り返し行われてきた。例えば、1981年に設置された**臨時行政調査会**（第2臨調）は「増税なき財政再建」のスローガンの下、重要行政施策のありかた、省庁組織の見直し、国と地方の機能分担など広範な提言を行った。前述の国鉄に加えて、電電公社（現在のNTT）、専売公社（現在のJT）の**民営化**は、臨調のイニシアチブによる行政改革の代表的な成果である。臨調が解散した後の1983年には、代わりに臨時行政改革推進審議会（第1次行革審）が設置され、以後1993年の第3次行革審最終答申まで、臨調後継の審議会が行政改革をリードした。

　1990年代以降になると、行政改革の課題はいっそう拡大した。例えば、民間セクターによる自由な経済活動を促進するため、**規制緩和**が進められた。国と地方の関係においても、国から地方自治体に権限、人員、財源を移す**地方分権**改革が進められている（◆第9章第2節）。許認可や行政指導など、行政機関が行う手続きの透明性を確保するため、1993年に**行政手続法**が制

[図7-4]　デジタル庁発足（2021年）
© 読売新聞社

定された。透明性の向上という点では、行政機関が保有している情報の公開請求手続きを定めた**情報公開法**も 1999 年に成立した。

　公務員制度については、1999 年には**国家公務員倫理法**と国家公務員倫理規定が定められ、公務員と利害関係者の接触ルールが細かく決められた。特に天下りについては、2007 年に国家公務員法が改正され、再就職した官僚 OB が出身府省に対して口利きをすることを規制した。2008 年には、それまで府省ごとに行われていた再就職先あっせんを一元化するため、内閣府に官民人材交流センターが設置された。さらに天下り廃止を掲げて 2009 年衆院選に勝利し、政権交代を実現した鳩山由紀夫内閣は、新政権発足後ほどなく独立行政法人への官僚 OB の再就職を原則禁止した。ただ、天下りの廃止は、官僚が定年まで退職しないことを意味するから、人件費の高騰や新規採用数の抑制など新たな問題と背中合わせである。

　行政組織も大きく変えられた。1998 年に**中央省庁等改革基本法**が成立し、これに基づいて 2001 年に中央省庁等が再編された。省庁を統合して無駄を削り、あわせて首相のリーダーシップを強化すること（◖第 4 章第 2 節）を通じて、従来の縦割り行政を克服しようという発想である。また、郵政 3 事業（郵便・郵便貯金・簡易保険）の民営化をはじめ、特殊法人の統廃合や独立行政法人化が進められた。一方、2012 年の復興庁、2021 年のデジタル庁のように、新たなニーズに応える行政機関も設置された（図 7-4）。

③ 利益集団

●利益集団とは

政治家や官僚に次いで政策過程で重要な役割を果たすのが、**利益集団**と呼ばれる利害を同じくする人たちの組織である。政治家や官僚に影響力を及ぼす点を強調して、**圧力団体**という名称が用いられることもある。

　日本にもさまざまな利益集団が多数存在している。いくつか代表的なものを挙げておこう。まず財界、経済界と呼ばれる経営者や実業家の団体としては、**日本経済団体連合会**（経団連）、**日本商工会議所**（日商）、**経済同友会**などがある。中でも日本を代表する企業が多く加盟している経団連は、政府の経済・社会政策に大きな影響力を行使してきた。かつては会員企業による政党（主に自民党）への政治献金をあっせんしたり、政治献金を行うための基準として各党に対する政策評価を発表したこともあった。

　これに対して雇われている側、すなわち労働者が賃金や労働時間など労働条件の改善をめざして結成した団体を労働組合という。日本の労働組合は、主に企業別組合（例えば、全トヨタ労働組合連合会など）、産業別組合（例えば、自動車総連など）、そして全国中央組織（**ナショナル・センター**）という3層構造になっている。日本最大のナショナル・センターは**日本労働組合総連合会**（連合）で、約700万人の組合員を組織している。連合は立憲民主党や国民民主党と連携しており、推薦候補の選挙の応援を行うほか、組織内候補（産業別組合などを代表する候補者）も擁立している。

　業種・職種別の団体としては、**全国農業協同組合中央会**（全中）や**日本医師会**が有名であり、前者は農協の（正）組合員約415万人という組織力をバックに農業政策に対して、後者は政治献金を効果的に用いることによって医療政策に対して、それぞれ強い発言力を保ってきたとされる[3]。2005年に多くの自民党議員が郵政3事業の民営化に消極的だった背景の1つには、民営化に反対する全国特定郵便局長会[4]（全特）やOB組織である大樹が持つ組織票の存在があった。特に参議院の比例代表では、非拘束名簿式（あらかじめ候補者名簿の順位を定めず、得票の多い候補者から順に、各党に配分された議席数の当選者が決定される）で選ばれるため、各団体の支援を受けた候補者が多数当選する（表7-2）。

---

[3]　形式上は、農協は全国農業者農政運動組織連盟（全国農政連）、医師会は日本医師連盟という政治団体を通じて政治活動を行っている。

[4]　現在は全国郵便局長会。

[表 7-2]　2019 年参院選・比例代表当選者の主な関連団体

自民党	全国郵便局長会、隊友政治連盟、全国建設業協会、全国農政連、神道政治連盟、全国商工政治連盟、日本看護連盟、日本薬剤師連盟、日本医師連盟、全国土地改良政治連盟
立憲民主党	自治労、日教組、JP 労組、情報労連、私鉄総連
国民民主党	UA ゼンセン、自動車総連、電力総連

（注）事実上または一部の支援を含む

　近年では、政府の支配に属さず、私的な利益を目的としない団体である **NPO**（Non-profit organization）への注目が高まっている。世界自然保護基金（WWF）や国境なき医師団のように世界中で活躍する団体もあれば、特定の地域に密着して活動するものも多い。こうした NPO は、メンバー数や財政力では既成の利益集団にかなわないことも少なくないが、高い専門能力を活かしたり、政府、企業や他の NPO などと協働したりして、政策過程で重要な役割を果たす場合がある。日本では、1998 年に NPO 法（特定非営利活動促進法）が制定され、法人格*5 を認めて NPO 活動を促進するしくみが整えられた。

●利益集団の役割

一人ひとりが持っている力は限られているけれども、利害を同じくする人たちがたくさん集まれば、たとえ社会全体の中では少数であっても、政治に対して声を届けることができる。19 世紀前半にアメリカを訪れた **トクヴィル**（フランスの思想家）は、同国内で盛んに結成されていた自発的結社に、健全な民主主義の可能性を見出した（◆第 1 章第 3 節）。本節が取り上げた利益集団も自発的結社の一部である。ダールをはじめとする **多元主義** 論者は、政策過程における影響力行使をめぐる複数の利益集団による競争を通じて、多様な意見を政治に反映できると考えた（◆第 2 章第 1 節）。

---

*5　法人格がないと、例えば銀行口座の開設や、事務所を借りる契約を団体名義で行えないなどの不都合が生じる。

　ところが、こうした多元主義に対しては、複数の利益集団が競争して勝ったり負けたりしているのならば良いが、実際には常に「勝ち組」と「負け組」が決まっていて、結果として幅広い人びとの声は代表されていない、という批判がある。**ロウィ**の主張を平たく言い換えると、行政機関が支配的利益集団とぐるになって特権を与え続け、一般の人びとは政策過程から排除されているのが、今日の**利益集団自由主義**の実態とされる（ロウィ 1981）。

　以上は主にアメリカで展開された議論であるが、一方でヨーロッパの、特にオーストリア、オランダ、スウェーデンなどの中小国においては、経営者団体、ナショナル・センター、政府の三者代表が公式・非公式に協議し、互いに協調して経済政策を行う、**ネオ・コーポラティズム**という利益集団政治のパターンが見られる（◆第4章第3節）。経営者団体とナショナル・センターが、それぞれ国内の企業、労働組合に強い統制力を持ち、トップ・レベルでなされた決定──典型的には、労働側が賃金引き上げ要求を自制する代わりに、経営側は雇用水準を維持し物価上昇を防ぐという妥協──を履行できることが、ネオ・コーポラティズムを可能にする条件となる。

　日本における利益集団政治は、長らく自民党政権が続いてきたこと、また労働組合の組織率[*6]が低く、ナショナル・センターも分裂してきたことから、労働なきコーポラティズムと呼ばれてきた（ペンペル・恒川 1984）。他方で、少なくとも1980年代まで日本が良好な賃金水準と低失業率を達成してきた背景に、企業レベルでの労使協議や政府レベルでの審議会等への参加など、政策過程における労働団体の役割をより積極的に評価する向きもある（久米 1998）。また、官僚制との関係についても、政官関係における官僚制優位論とパラレルに官僚の民間セクターに対する影響力を重く捉える見方があれば、新規参入が難しいなどの制約を認めながらも、多元的な利益集団の政策過程における影響力を重視する議論（**日本型多元主義論**）もある。

　ただ、過去の評価はいずれにしても、現在は既存の利益集団が軒並み組織

[*6]　雇用者数に占める労働組合員数の割合。厚生労働省によると、2021年現在の推定組織率は16.9％。

力を低下させる一方で、NPO など新しいアクターの参入は増加傾向にある。他のアクターとの関係では、行政改革などによって官僚が持つリソースが少なくなった。従来、日本の非営利組織には自治会・町内会など地域に密着した小規模団体が数多く存在する一方、専門性の高い大規模団体は少ないと指摘されてきた（**市民社会の二重構造**）が、近年の NPO の増加は今後の団体政治の相貌を変える可能性がある。

第8章 世論とマスメディア

近年、世論が政治に大きな役割を果たしていると指摘される。毎週のように行われる世論調査の数字に、高ければ与党や内閣は信任されたと喜び、低ければ野党（や与党の一部！）から内閣の退陣が要求される。しかし、世論をめぐっては、その定義やそれに従う政治の是非など、さまざまな議論が行われつづけてきた。特に、20世紀の大衆社会に入ってからは、世論へのメディアの影響力が問題視され、それはインターネットやソーシャルメディアが普及した21世紀の現在においても続いている。本章では、世論とそれに影響を与えているマスメディアについて考えてみよう。

読売（1874年）・朝日（1879年）新聞創刊号。
東京大学大学院法学政治学研究科附属近代日本法政史料センター　明治新聞雑誌文庫蔵

世論の形成とマスメディア

●世論とはなにか

民主政治は世論の政治だといわれる。広辞苑（第7版）によると世論とは「世間一般の人が唱える論。社会大衆に共通な意見」とあるが、世論をどのように考えるかについては歴史的に多様な議論がなされ、現在でも必ずしも見解の一致があるわけではない。例えば、世論調査や選挙の結果に示されるような個々人の意見の集積を世論と考える者もいれば、人間は回りの空気を読みながら自身の意見を作り上げていくので、世論は多数派の規範に等しいと主張する者もいる。また、圧力団体などによって結晶化される組織的意見こそ現実の政治過程における世論と見なすべきだとする議論もあれば、多くの人間は問われている政策や政治家についてそれほど知っているわけではないので、結局は、政治エリートや世論調査を実施する人、またはメディアの意見の反映にしかすぎないとの考えもある。また、世論は、さまざまな情報操作によってコントロールされており、フィクションにしかすぎないとの主張もある。このように、民主政治が論争的な概念であるのと同様に、世論もその実態と定義についてさまざまな議論が行われ続けているのである。

　世論をめぐる議論も古代ギリシアに端緒をみることができるが、19世紀後半から20世紀前半にかけて、大衆が政治過程に入ってくる中で、深刻に問われなおすことになる。ウォルター・リップマンが人民による政治に悲観的だったことはすでに見たが（◆第2章第2節）、その悲観の裏には人びとが作り出す世論についての問題意識があった。民主政治には外界（社会）についての正確な認知が必要であるが、リップマンは人びとの頭のなかにある世界と外界とは異なるものであると主張する。人びとは物理的・社会的・時間的障壁などによって事実に接近することがそもそも制約されており、それらの制約を乗り越えて手にした情報に対しても、往々にして各自のできあい

の色眼鏡や枠組みを通して理解しようとするため、人びとの頭の中の世界は外界とは異なるものになってしまうのである。リップマンは、このそれぞれの色眼鏡を**ステレオタイプ**と呼び、頭の中の世界を疑似環境と呼んだ。加えて、そもそも公衆は公的事柄にあまり関心がなく、いいかげんな証拠に基づいて判断を下すために、社会を明確な目標に導く安定的で創造的な力として世論を捉えることはできない、とされるのである。

こうした見方を突き詰めると、情報や認知をコントロールすることで人びとを操ることができる、すなわち世論は操作の対象となりうる。こうした世論操作を実際に行った政治家のはしりが、ナチス・ドイツを率いたアドルフ・ヒトラーである（◐第2章第2節）。彼は、世論とは各自の経験や認識に基づいて形成される部分はごく小さく、大半は「啓蒙」によって呼び起こされると考え、暴力（テロル）と共に**プロパガンダ**を重視した。ナチスは、わかりやすく単純なキーワードの繰り返し、友敵関係の強調、指導者のカリスマ性の演出などを要諦とした演説や集会によって大衆的人気を得て、選挙によって第1党の地位を得る。政権獲得後は国民啓蒙・宣伝省を設置し、ラジオや映画といった当時の新興メディアを用いて宣伝につとめた。例えば、ラジオについては安価な「国民受信機」を普及させて聴取者の拡大をはかり、重要な演説については共同聴取させることで、党のメッセージを国民隅々にまで行き渡らせようとした。

ただし、このようなプロパガンダは、ナチスにとどまるものではない。そもそもヒトラーが宣伝に注目したのは、第1次大戦において英仏等の連合軍が撒いた政治ビラがきっかけともいわれている（一時期、リップマンも情報将校として対独戦のビラ作りに参加していた）。また、アメリカでも、第2次世界大戦が勃発すると、映画産業は戦時重要産業に指定され戦争目的啓発のフィルムを量産した。さらに第2次大戦後になると、テレビCMが選挙運動に用いられるようになるが、選挙のたびに放送される莫大なテレビCMでは、単純なフレーズの繰り返しや友敵関係の強調など、かつてヒトラーが指摘したプロパガンダの要諦と共通した手法も観察できる。

　ところで、20世紀に入ると、ラジオやテレビの普及と並んで、科学的な**世論調査**方法が開発される。世論調査方法は、1930年代以降に主としてアメリカで発達したが、特に標本調査（◆第5章第2節）の発達によって、世の中にあるさまざまな意見を一部の集団に偏りなく取り出すことで、折々の争点や候補者の支持についての多数意見を同定できるようになった。世論調査の普及に貢献したジョージ・ギャラップは、世論調査があればこそ、政治家は「物言わぬ多数派」の意見を知ることができ、少数意見を多数意見と見誤らずに済むと、世論調査の意義を主張している。たしかに世論調査は現代の民主政治にとって重要な役割を果たしている。とはいえ、個々人の意見を平等に取り扱うことへの懐疑や情報操作、多数が間違った判断をする可能性など、世論への懸念は解決されたわけではない。

　前世紀末に、電話を用いた比較的簡便な調査方法の導入によって、マスメディアは世論調査実施の頻度を上げ、インターネット上での厳密には科学的とは言い難いさまざまなアンケートなどを含めて、現在では多くの「世論調査」が行われている。一方、利益集団が組織率を減少させ、直接的な個人ネットワークも弱体化するなか（◆第7章第3節）、内閣や政党も世論調査の数字を、政策や党首選挙などの場面で重視する傾向があり、世論調査が果たす役割はますます増大している。民主政治における健全な世論とはどのようなものなのか、いまだに問われ続けている課題である。

●メディアの影響力

世論はどのようにして形成されていくのだろうか。ヒトラーが考えていたように、メディアを通じたプロパガンダによって人々の行動は左右されてしまうのか、次にメディアの影響力について考えてみよう。

　歴史的に振り返ると、メディアの影響力についての認識も、時代毎に変化してきた。18-19世紀には、新聞などの情報を積極的に摂取し、自らが考えて意見を作り出していく理性的な人間観、市民観があった。しかし、20世紀になり、大衆が政治に参加すると同時に、映画やラジオといったマスメデ

ィアが現れると、メディアのメッセージは人びとに強い影響力を与えるとの考えが有力となった（**強力効果説**）。ナチスのプロパガンダ、全米でラジオ放送された火星人襲来のドラマが本当のニュースと間違われてパニックをもたらした事件*1、同じくアメリカの国債募集のラジオキャンペーンの成功例などは強力効果説の裏付けとされた。

　ところが、1940 年代に入り世論調査法の発達など実証的な研究が盛んになってくると、この強力効果説に疑義が唱えられることになる。第 5 章でもみたようにコロンビア学派は、人びとのアメリカ大統領選の投票意思決定に対するマスメディアの影響力が人種や宗教といった社会的属性や、周囲の人びととのパーソナルコミュニケーションに比して限定的であることを確認した。これらの知見は、**限定効果説**といわれる。

　限定効果説に対しては、1960 年代以降、新しい議論が対置されることになる。この時期は、テレビが社会の隅々にまで普及していった時代である。テレビという訴求力が強い「飛び込んでくる」メディアを前にして、マスメディアの影響力が再評価されることになった。**中効果モデル**と呼ばれるこうした再評価の多くは、限定効果説で取り上げられた人びとの態度に与える影響ではなく、その基礎にある人びとの認知に対する影響に注目している。代表的な議論が、メディアの**議題設定機能**である。メディアには、ある争点に対する賛成／反対といった人びとの意見を直接変更するほどの影響力はないかもしれない。しかし、それがそもそも争点であるかどうか、すなわち「いま何が重要か」「何が議論されるべきか」といった議題設定（◐第 7 章第 1節）にマスメディアが影響を与えるというのである。マコームズとショーは、1968 年の米大統領選においてマスメディアの選挙報道の内容と有権者の意識を組み合わせて分析し、メディアが強調する争点と有権者が重要と考える争点とが一致する傾向があることを発見した。議題設定機能は、もちろんマスメディアの専売特許ではない。政治家のさまざまな情報発信や国民のいろ

---

*1　ただし現在では、パニックが起きたかのように騒がれただけで、実際のところ大したパニックは起きていないという説もある。

いろな政治運動も議題設定の試みであり、政治家が主導して選挙の争点を作り上げることもある。しかし、さまざまなパフォーマンスやデモといった政治運動、そしてまたインターネット上の情報も、マスメディアが取り上げることによって国民的な議題となるのであり、それがマスメディアの政治的な影響力の源泉となっているといえる。

　この他にも、メディアは**フレーミング**や**プライミング**を通じても、人びとの認知に影響を与える。フレーミングとは枠をはめるという意味であり、メディアが事象や問題を取り上げる角度や文脈のことである。例えば、反政府デモと警察の衝突を報じる際、カメラをデモ隊の中から撮るか、警察の後ろから撮るのかによって伝えられるイメージは随分異なるものになるだろう。困窮する人間について報じる際にも、個人的なエピソードを中心に報道するか、その背景にある政治・社会問題を軸に構成するのかによって、随分と違ったものに見えてくるだろう。また、プライミングとは、メディアが特定の問題を取り上げる頻度が大きくなることで、それが人びとの政治判断の基準となってしまうことである。例えば、テレビが地球環境問題を集中的に報道することで関心が高まり、いかにその問題に取り組んでいるのかが、人びとが政府の業績を判断する基準となったり、もしくは経済問題が多く報じられることで、経済状態の良し悪しが業績判断の基準となったりすることである。

　以上のように、現在ではメディアの人々に対する影響力は、強力効果説と限定効果説の中間にあると考えられている。メディアは、人びとの態度を直接に左右するというよりも、人びとの認知に影響を与えている。一方、メディアの影響力を人びとがどのように考えているのかという点に関して、人びとは「自分はマスメディアに影響されにくいが、他者（第三者）はマスメディアの影響を受けやすく、そのことが社会的に望ましくない結果を導く」と考えているという、**第三者効果説**が唱えられている。メディアによる人びとの投票行動への影響力は限定的とされているにもかかわらず、しばしば政治家がマスメディアの選挙報道に対して批判したり規制強化を求めたりすることの背景には、第三者効果が作用しているのかもしれない。

日本における政治とマスメディア

●新聞と政治

日本の新聞は、政治、経済、社会、スポーツ、文化など、広い分野の情報を総合的に編集した一般紙、スポーツに関する情報を中心に編集したスポーツ紙、経済など特定の情報分野や特定の業界に関する情報を中心に編集した専門紙・業界紙の3種類に分かれる。このうち単に「新聞」と呼ぶときに、多くの人びとが思い浮かべるのは一般紙であるが、これも発行されるエリアによって、日本全国を対象とした全国紙（読売新聞、朝日新聞、毎日新聞など）、複数県を対象としたブロック紙（中日新聞、西日本新聞など*2）、1つの県を対象とした県紙に区分されている。ブロック紙と県紙をあわせて地方紙と呼ばれる。地方紙は、それぞれの地域の動きを中心に取材・報道しているが、海外や東京の政党や中央官庁など、自社の記者でカバーできない地域や分野のニュースは、通信社（共同通信社や時事通信社など）から配信される記事で補っている。

　日本の新聞の特徴はその発行部数の大きさや論調の「不偏不党」性にあるとされてきた。表8-1は各国の日刊紙の発行部数を表したものだが、日本は発行部数で約4,200万部、千人あたりの部数でも380部を超えている。全国紙やブロック紙の規模は数百万に及び、これは世界的にも突出している。ただし、新聞の発行部数の大きさはインターネットの普及などにより21世紀にはいり急速に減少している。また、アメリカの新聞が選挙時においてその社説などで支持候補を明言するのとは異なり、日本の新聞では明確な支持は行わなかったり、報道についても日本新聞協会の倫理綱領（「報道は正確かつ公正でなければならず、記者個人の立場や信条に左右されてはならない」）

---

*2　北海道で発行される北海道新聞も、部数の多さとエリアの広さからブロック紙とされる。

[表8-1] 各国別日刊紙の発行部数、成人人口1,000人あたり部数、発行紙数

地域・国	発行部数（単位：千部）			発行紙数			成人千人あたり部数
	'15	'16	'17	'15	'16	'17	
日本	44,247	43,276	42,128	104	104	104	381.4
フィンランド	1,193	1,130	1,132	45	40	40	245.7
ドイツ	15,786	15,074	14,484	343	332	327	201.5
オランダ	2,732	2,639	2,496	28	28	27	174.3
スウェーデン	1,524	1,445	1,403	81	80	78	169.0
イギリス	8,626	8,195	7,847	104	100	99	144.4
フランス	6,163	5,964	5,816	84	84	82	105.8
ハンガリー	792	826	765	30	29	29	91.3
チェコ	816	763	722	79	79	78	80.6
ポーランド	1,870	1,694	1,496	34	35	35	46.2
スペイン	2,145	1,965	1,795	107	107	107	45.2

出典：日本新聞協会HPより。WAN, *World Press Trends* をもとに作成。
http://www.pressnet.or.jp/data/circulation/circulation04.html

にあるように客観報道の重視も日本の新聞の特徴であるとされてきた。しかし、部数の減少に合わせるかのように、政権に対する論調や記事の選択なども分かれてきているのが、近年の傾向である。

　日本の新聞の取材方法の特徴に、縦割り集団取材がある。全国紙や通信社の編集局は政治部、社会部、経済部、国際部などの部に分かれており、政治の取材は各社40–50名程度の政治部が主に行っている。取材は、首相や政党、各省庁といった政治的に重要な人物や組織にそれぞれ担当記者（**番記者**）を張りつけて情報を収集することを基礎とし、それら出先の記者からの情報を、本社のデスク（副部長、次長）が集約して日々の記事が作られていく。

　その政治取材に際し、記者たちの取材拠点となっているのが、各政党や役所などの建物内にある**記者クラブ**である。記者クラブは、1890年の帝国議会開設の際、傍聴取材を求める記者たちが議会出入記者団を結成したのが始まりで、その後、隠蔽体質の強い行政府に情報公開を求めるべく各地で開設

されていった。しかし、時代が下るにつれ、行政府の側も記者クラブを通じた情報操作を試みるようになる。行政府は記者クラブに対して、数多くのプレスリリース（報道機関向け発表）を提供し、定期的な記者会見にも応じるなど、さまざまな情報を提供する一方で、ルールを破った社を「出入り禁止」にして情報を遮断する。

コラム

政策形成とジャーナリズム

政治は情報をめぐるゲームである。複雑な利害調整を行い結論に辿りつきつつあった政策や予算、密かに温めてきた人事や外交も、事前に情報が漏れたりすると、状況自体が変化しゲームの流れが変わってしまう。

> この間のNPO法案をつくった時は、そのプロセスをどんどん記者の人に書いてもらって、法律をつくっているうえでプラスに働くことが多かったけど。マイナスのこともあるんです。ちょっとしたことが政策協議の途中で先に出てしまったことで、自民党が硬化して、協議がうまくいかなくなった場合もあるんで。情報公開法の時は非常に注意しました。（中略）そういう意味でメディアは力がある。この永田町では、記者が一行二行書くことで動かされる時もある。（朝日新聞労働組合新聞研究委員会編『朝日新聞よ、変わりなさい！』葉文館出版、2000年、p. 117）

上の文章は、社民党の国会議員だった辻元清美議員が90年代の自社さ連立政権時の法案形成において、メディアが果たした役割を答えたインタビューからの抜粋である。メディアが報じることで法案形成の追い風になったり、逆に連立相手を硬化させて法案形成が遅れたりするといった、情報と政治をめぐる複雑な関係を見てとることができる。ジャーナリズムの報道は第2節で見たような人々への影響を介して政治に影響を与えるのみならず、直接に政治に影響を与えることができるのである。

（逢坂巖）

　記者クラブの存在は、ジャーナリズム組織にとっては効率的にニュースを生産するための有力な手段でもあるが、取材対象によって提供された情報をなぞるだけ（**発表ジャーナリズム**と揶揄される）で、調査報道の弱さを招いているとも指摘される。加えてその便宜供与がクラブに属する大手メディアの記者に限られ、フリーランスや外国メディアが平等に取り扱われないなどの問題点が存在している。

　なお、近年は官邸や政党などの記者クラブに所属しない出版社系の週刊誌のスクープが政治に大きな影響を与えている。週刊誌の取材体制は各誌それぞれ 50–60 名ととても小さく、番記者制度を取らず記者クラブにも参加していない。しかし、それがかえって番記者制度につきまとう取材対象への配慮などから週刊誌を自由にしている。また、週刊誌は内容によって販売部数が大きく変動するため強いマーケット志向を有する。それはスキャンダリズムへの誘惑と共にスクープへの強い動機ともなり、日本における権力監視の重要な一翼を担っている。

[図 8-1]　佐藤栄作首相の引退会見（1972 年）。佐藤の発言に
　　　　　反発した新聞記者が全員退席し、一人テレビカメラに
　　　　　向かって話すことになった。
© 時事

●テレビと政治

政治情報を扱うテレビ番組は多様である。NHK のニュース 7 のようなお堅いニュース番組もあれば、ワイドショーやニュースバラエティなどの娯楽と報道の境界が曖昧な**インフォテインメント**でも盛んに取り上げられている。ニュースの伝え方も娯楽的要素を取り入れた**ソフトニュース**化が進んでいる。また、携わる人びともテレビ局の編集局の記者だけではない。番組内では芸能人も司会役やコメンテーターとして登場し、局内のディレクターに加え、外部の制作プロダクションも番組作りに関わることで、視聴率の獲得が目指されている。一方、BS 放送などでは政治家をゲストに政策についてじっくりと議論をする情報番組なども存在する。

　視聴率を獲得すべくニュース番組制作に外部プロダクションを入れたのは、1985 年にスタートしたニュースステーション（ANN 系列、現在の報道ステーションの前身）である。「中学生にでもわかるニュース」を合言葉にした徹底的な視聴者志向が受けて高い視聴率を獲得した。この成功に刺激されて、民放各局は次々とニュース番組を拡大した。この時期は 55 年体制（●第 6 章第 3 節）の末期にあたり、リクルート事件などのさまざまな政治スキャンダルが頻発したが、活性化したテレビニュースはそれらを大きく取り上げ、竹下登や宇野宗佑らを退陣に追いやると同時に、政治改革のムードも高めていった。その後、小選挙区比例代表並立制が導入され、無党派層も増大する中、テレビは政党や内閣のイメージや支持に影響を与えるものとして、政治家たちにも意識されていった。実際に、1990 年代以降、橋本龍太郎、森喜朗、安倍晋三（第 1 次内閣）、福田康夫、麻生太郎らは失言や態度などがテレビニュースやインフォテインメントで批判的に取り上げられ、支持率が減少し政権の座を追われた。

　アメリカ第 34 代大統領のリチャード・ニクソンは、テレビとリーダーとの関係について「テレビは国家指導のありかたを変え、指導者に選ばれようと望む人々の個性まで変えてしまった。風采の上がらない、声のカン高いリ

[図 8-2]　米大統領選討論会（1960 年 9 月）。
内容以上にテレビ映りが選挙戦に影響したとされる。
写真：AP／アフロ

ンカーンは、今日なら大統領になれなかったことだろう。逸話を長々と引き
ながら話す彼の話術も、テレビには適さなかったに違いない。今日の流行は、
長い寓話の引用ではなく、たった一秒で売り込む CM のコピーである」と
評した。ニクソンは 1960 年の大統領選挙において初のテレビ討論会に臨み、
その疲れた態度と顔色が放送されることで、日焼け色のメーキャップを施し
快活なトークを展開するジョン F. ケネディーに敗れた（図 8-2）。討論会を、
ラジオで聞いていた者はニクソンが、テレビで見ていたものはケネディーが、
それぞれ勝ったと判断した。敗れ去ったニクソンは 8 年後の選挙で、積極的
なメディア戦術によって大統領に就任するが、メディアが暴いたスキャンダ
ルによって退陣へと追い込まれる。

　日本においても、細川護熙、小泉純一郎などは、テレビを介したパフォー
マンス*3 による国民的人気を資源に総理の座についた。特に小泉は首相就
任後もテレビカメラを入れた毎日の簡易な記者会見で、印象的な短い言葉の
やりとりを記者と行い、国民の人気を維持した。この小泉の手法は「ワンフ
レーズ・ポリティクス」ともいわれたが、ニクソンの指摘するテレビ政治の

*3　第 4 章で用いられたときの「成果」「実績」に加え、ここでは「人目をひく言動」という意味
　　合いを含んでいる。

時代の「流行」に沿ったものであった。

 ## ３ メディアをめぐる諸問題

●メディアをめぐる諸問題

日頃、政治や行政、司法といった公権力に対峙しているマスメディアであるが、その力が一般の市民に対して向けられると、マスメディア自体が大きな権力として立ち現れ、時に人びとの人権と衝突する。例えば、事件報道においては、推定無罪を無視し、警察発表を受けて、被疑者をあたかも犯人と決めつけるような報道がしばしば行われてきた。また、大きな事件、事故の当事者やその関係者のもとへ多数のメディアが殺到する**メディアスクラム**（集団的過熱取材）も、取材と個人の人権が衝突する場面である。これらの報道と人権の問題に対して、マスメディア各社は第三者機関を設置したり、日本新聞協会が新聞倫理綱領を改定して「人権の尊重」を掲げたり、放送業界も放送倫理・番組向上機構（BPO）を組織するなど対応がとられるようになっている。

　ジャーナリズムが権力監視を行うためには、その自由な取材や表現のための制度的な担保が重要なものとなる。日本においては、「日本臣民ハ法律ノ範囲内ニ於テ言論著作印行集会及結社ノ自由ヲ有ス」（29条）と大日本帝国憲法（1889年）で言論や著作の自由は認められた。しかし、その自由には法律の範囲内との条件が課され、新聞紙法（1904年）などでその自由は制限された。特に戦時色が強くなる中、ジャーナリズムと政府は一体化し、戦争を煽るようにもなった。その反省も踏まえ、戦後の日本国憲法では「集会、結社及び言論、出版 その他一切の表現の自由は、これを保障する」（21条）と無条件の表現の自由が明記されることになった。

　とはいえ、現在でもジャーナリズムに対しては、少年法や公職選挙法など、

個別の法律によって報道の自由を制限される場合がある。また、テレビとラジオは、電波の希少性とその社会的影響力への懸念から、電波法による免許制度のもとにあり、放送法によって規制されている。放送法には「公安及び善良な風俗を害しないこと」「政治的に公平であること」といった番組編集準則が規定されている。また、外国籍の個人や法人による放送局の所有を制限する一方、「放送をすることができる機会をできるだけ多くの者に対し確保することにより、放送による表現の自由ができるだけ多くの者によって享有されるようにする」ために**マスメディア集中排除原則**が謳われ同一資本が複数の放送事業者の株を一定以上所有することが規制されている。なお、同原則には、同一資本が、新聞、テレビ、ラジオの 3 つのメディアを所有することを禁ずる三事業支配の禁止も含まれているが、日本では新聞資本に対して放送免許が与えられた歴史的経緯があり、全国紙が系列テレビネットワークを持つという、世界でも特異なメディア秩序を作っている（**クロスオーナーシップ**）。

　マスメディアは、ジャーナリズムを担う民主政治の装置であると同時に、経済的な主体として存在している。新聞は購読料と広告費、テレビは NHK が受信料、民放は広告費を主たる収入として経営を行っている。マスメディアが、報道・表現の自由を行使するためには、強固な経営基盤を持たなくてはならない。しかし、経済的な停滞やインターネットの普及により、マスメディアの経営基盤は悪化し続けている。特に、新聞は販売、広告ともに収入の大幅な減少が続いており、取材網の見直しや販売所や印刷所の統廃合にとどまらない、業界自体の再編も視野に入ることになる。

●インターネットの浸透

日本のコンピュータネットワークがインターネット網に接続したのは、昭和から平成に年号が変わる頃であった。当初は一部の研究者やマニアが使うにすぎなかったが、1995 年にマイクロソフトから「ウインドウズ 95」が発売されて、一般の人びとの間にもインターネットブームが起き、政治家や政党、

新聞社などもホームページを開設した。

　2000 年には Google が日本語検索サービスをはじめ、翌年には国会の議事録検索システムが一般公開された。この間、大型掲示板の2ちゃんねるやブログ、YouTube、ニコニコ動画といった、特別な専門知識がなくとも情報を発信できるソーシャルメディアがサービスを始めていった。そして、2008年には Twitter と Facebook の2つのソーシャルネットワーキングサービス（**SNS**）が日本語版を開始し、初のスマートフォン（スマホ）の iPhone も日本で発売された。

　その後、スマホと SNS は急速に普及し、2020 年にはスマホの個人普及率は 69.3％、SNS を使っている人の割合は 60％ に達した（総務省通信利用動向調査）。2013 年にはインターネットを利用した選挙運動も解禁され、政治家や政党の多くも SNS を使うようになった。近年では日々のニュースもインターネットを介して入手する人々が多くなっている（図 8-3）。インターネットは短い期間で生活の隅々まで浸透し、人々の情報環境を根本的に変化させた。

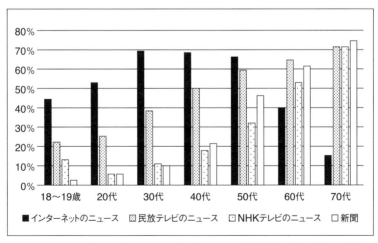

[図 8-3]　年齢層別、ネットニュース・テレビニュース・新聞を毎日読む／見る人の割合
出典：新聞通信調査会「メディアに関する全国世論調査」（2020 年）

　そのような中、**フェイクニュース**と呼ばれる偽情報の拡散が人々の意思決定に影響を与えたり、ユーザーが「自分に近い考えの意見」にばかり触れることで社会の分断が助長されることへの懸念も持たれるようになっている。

　ニュースサイトや検索サイトは広告視聴や商品購入の確率を上げるためにできるだけ長くページに留めようと、視聴履歴や検索履歴などを解析してユーザーの興味を惹きそうなものや見たいであろうものを予測して推奨する。その結果、ユーザーには自分の好みにあった情報ばかりがフィルタリングされて提供され、自分の考えの泡の中に閉じ込められたようになってしまう（**フィルターバブル**）。また、SNS でも自分の考えに近いユーザーと繋がる結果、ここでも異なる意見からは分断され、元々の自分の考え方を増幅させる反響室（**エコー・チェンバー**）にいるかのようになってしまう。そして、このフィルターバブルに閉じ込められた人々同士が SNS 上で交流をすることで、集団としてより極端な方向に意見が偏る「集団極性化」が生じていく。

　インターネットのビジネスモデルとテクノロジーが情報への**選択的接触**を助長し、人々は自分の見たいもの信じたいものしか見なくなる。そのニュースがフェイクであろうが、内容が個人的信条に沿っていると歓迎される（**ポスト真実**）。アメリカにおいてはトランプ大統領が支持者の琴線に触れる（フェイクを含む）情報を SNS などでも発信し、支持派の共感と批判派の反感を生み極性化が進んだ。2020 年の大統領選挙後には敗北を認めないトランプ支持派の一部は連邦議会に乱入するまでに行動を過激化させた。トランプは開票時から選挙が不正であったと SNS を通じて訴えており、スマホなどでこの情報を信じた支持者が選挙結果の議会による認定を阻止すべく議事堂を襲撃し、死傷者がでた。

　このようにインターネットによる情報受発信には危うさも伴う。しかし、もちろんその同じ力が、圧政や差別に苦しむ人々や従来なかなか声があげられなかった人々にも力を与えている。2020 年に活性化した女性や黒人への差別是正を求める #MeToo（ミートゥー）運動や BLM（ブラックライブズマター）運動では、Twitter や Facebook へ投稿された当事者たちの声が共

[図8-4]　アメリカ合衆国議会議事堂襲撃事件（2021年1月6日）
©Getty Images

[図8-5]　凍結されたトランプ大統領のツイッターアカウント（2021年1月9日）
写真提供：共同通信社

　感を呼んで拡散され、マスメディアも報じることで、運動はグローバルに広がっていった。日本でも2020年に検察官の定年延長を可能にする検察庁法の改正案が国会で審議入りした際、ツイッター上で「＃検察庁法改正案に抗議します」とのハッシュタグをつけた投稿が広がり、政府・与党が採決を見送ったケースなどがある。
　また、優れたジャーナリズム活動を表彰する米国のピュリッツァー賞において、2021年には特別賞としてBLM運動の発端となった白人警官による

黒人男性の殺害現場を、スマホで撮影して Twitter に投稿した 17 歳（当時）の少女が選ばれた。国際的にも権威のある同賞が取り上げるまでに、スマホや SNS はジャーナリズムにも変化を与えている。

9 第 章 地方自治

地方自治は大切だと、誰もが言う。その割には、現実に自分の暮らしている地域の問題のことはあまり知らない。このあたりがつい最近までは、多くの人の本音だったかもしれない。それでも、財政再建団体（財政再生団体）になった北海道の夕張市のように、財政が破綻する自治体も出てきた。自分の地域は大丈夫だろうか。そのような心配は、もはや誰にとっても他人事ではない。まして災害が起きたときなど、まず問題になるのは自治体である。他方で、テレビやインターネットで、知事や市町村長など自治体の長に注目が集まることも多くなった。政治といえば国政、あるいは国際政治だけを考えればよい時代は過ぎ去った。自分にとって最も身近な政治に注目してみよう。

「大阪都構想」をめぐる住民投票（2020 年）
写真：日刊現代／アフロ

地方自治の制度

●地方自治とは

政府という場合、国家の中央政府ばかりが想起されがちである。しかしながら、現代国家のほとんどは多くの地方自治体に分かれている。これらの自治体もまた国家と異なるレベルにある政治や行政の主体であり、それぞれが政府（地方政府）としての性格をもつ。日本においても、1999年に**地方分権一括法**が制定され、翌2000年から施行されている。この**地方分権改革**により、国と地方は上下関係にあるのではなく、対等な立場から協力し合う関係にあることが明確化された。それぞれの地域には固有の問題や対立があるが、これを調整して地域社会の秩序と安定を確立するのが地方政治である。その重要性はますます大きくなるばかりである。

とはいえ、従来の日本において、ややもすれば政治といえば国政のことであり、政府といえば中央政府をさすと考えられがちであったことは否めない。比較の対象として連邦制国家であるアメリカを取り上げてみよう。アメリカの場合、その国名（The United States of America）が示しているように、それぞれが独自の権限と固有の憲法をもつ州（state）が集まって1つの連邦を構成している。歴史的な由来をみても、州が連邦に先立って成立しており、連邦の権限は、外交や通商など国家としての統一的な政策が必要な事項に限り、州の権限の一部が移譲されたものにすぎない。現在でも、連邦議会で可決され大統領が署名した法案に対し、州レベルから「連邦政府の権限を逸脱している」として違憲訴訟が提起されることが珍しくない（オバマ政権の医療保険制度改革法案など）。

このようなアメリカと比べると、日本はたしかに単一制国家であり、主権は全体としての国民にある。また、日本国憲法の第8章に地方自治が規定されているように、国の憲法に従って中央政府から自治体に権限を付与すると

いう形式になっている。とはいえ、福祉国家化の進んだ現代では、連邦制国家においても連邦政府の役割が拡大し、連邦と州や自治体の関係も密接になっている一方で、単一制国家でも地方自治体の権限が強化され、自治体外交なども展開されている。その意味では、連邦制国家と単一制国家の違いは相対的なものになっている。日本においてもすでに触れた地方分権改革が進み、現在の都道府県より広域の州に高度な自治権を認めるための道州制も議論されている。

　このように、連邦制と単一制を問わず、国家の領域を地方自治体に区分し、各自治体が一定の範囲内でそれぞれの地域を統治する権限をもっている政治形態が**地方自治**である。その場合、異なるレベルにある政府間の関係をどのように調整していくかが重要な課題となる。地方自治のありかたは、その国の憲法理論全体の中で考えていく必要がある（松下 1975）。

　それでは、このような地方自治はなぜ必要なのか。大きく分ければ、2つの理由がある。第1の理由は、中央政府から独立して地方政府が地域の行政を担うことで、中央政府と地方政府との間に適切なバランスを作り出し、これによって権力の集中を防ぐことである。国家権力の制限をねらいとする意味で自由主義的であり、地方分権と言い換えることができる。また、自治体という自律的な団体が国家からの自由を確保するという意味では、**団体自治**と呼ばれることもある。第2の理由は、各地域の政治問題をそれぞれの地域の住民が自らの手で処理するということ、すなわち**住民自治**である。国政だけでなく、地域においても有権者が自らの意志を表明する場をもち、民主主義の実践を行うという意味で、地域民主主義の理念と結びついている。

　地方自治の重要性を先駆的に説いたのが、19世紀フランスの政治思想家トクヴィルである。『アメリカのデモクラシー』の著者であるトクヴィル（◆第1章第3節）は、アメリカが軍事力や経済力では大国であると同時に、人々が身近な地域の政治に直接参加しているという意味では小国のメリットも享受していると指摘している。彼は「地方自治は自由にとっての小学校にあたる」とも述べているが、このことは個人がばらばらになりがちな民主的

社会で、一人ひとりが自由であり続けるためにも、地方自治の経験が不可欠であることを意味している。身の回りの問題を中央政府に頼らずに解決できない国民は自由とは言えない。必要があれば隣人と協力して自主的に問題を解決することができて、人びとははじめて自由になる。民主政治を支える市民の政治的成熟という意味からも、トクヴィルは地方自治を重視した。

●地方自治の制度

制度面から見たとき、日本の地方政府の最大の特徴は、自治体の議会（**地方議会**）と**首長**が、住民によってそれぞれ直接に選ばれるという**二元代表制**にある（図9-1）。すなわち、住民の意志は、首長と議会のそれぞれによって代表されるのであり、両者の関係が問題にならざるをえない。これに対し国政レベルでいえば、国民が国会議員を選挙し、国会議員の中から内閣総理大臣が指名され、内閣を組織する議院内閣制がとられている（◆第4章第1節）。いわば、行政権の担い手である内閣が、立法府である国会の多数派に基礎をもつという意味で、行政権と立法権が融合する一元的な代表システムになっている。

　ちなみに、このような日本の自治体における二元代表制は、しばしばアメリカの大統領と連邦議会の関係にたとえられるが、まったく同じというわけではない。何よりも、アメリカの大統領と違い、日本の自治体の首長は議会に対して条例案や予算を提出する権限をもっている。特に予算の編成と議会への提出は、首長に専属する権限となっている。議会は首長の不信任を議決することができるが、これに対し首長は議会を解散することもできる。このように、日本の自治体の二元代表制度は大統領制に議院内閣制を加味した側面をもっており、規則制定権や自治体職員の人事権などを含め、全体として首長の権限が強いことが特徴的である。また首長が議会に対して議決のやり直しを求める**再議**制度や、本来議会が議決すべき事項を緊急時などに首長が代わりに処理する**専決処分**の仕組みも存在する。

　このように首長の権限が目立つとはいえ、地方政治において、首長と議会

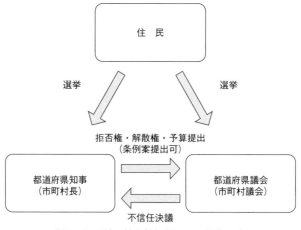

[図9-1] 日本の地方自治（図4-1と比較せよ）

という機関間の関係が重要であることは間違いない。この場合、首長が自治体の全域を選挙区にしてただ一人が選ばれるのに対し、議会の議員は主として大選挙区制を通じて自治体内部のさまざまな地域から選ばれる（◆第5章第1節）。このような選挙制度の違いは、それぞれの代表機関の性格にも影響を与えている。首長がまさに全自治体を代表する政治的リーダーであるのに対し、議員は地域社会の多種多様な利害を代表することがその役割となる。1960年代から70年代にかけて社会党や日本共産党などの支援を受けた**革新首長**が次々と誕生したのも、あるいは90年代以降にはマスメディアを賑わせるようなユニークな首長が続々登場しているのも、二元代表制ならではの現象である。直接公選の首長だからこそ、多くの浮動票や現職または政権に対する批判票をかき集め、劇的な交替も生じたのである。

　二元代表制が機能するためには、議会がその役割を十分に果たすことが不可欠である。すでに指摘したように住民の声を代表し、地域社会のさまざまな問題を政治過程にのせる機能に加え、首長と自治体職員の活動を監視し、これが適切に執行されるよう抑制均衡の機能を果たすことも議会に期待されている。何より、国際社会における条約や国の法律と同じく、自治体の作る

法である条例を立案・審議し、それぞれの自治体の実情にあった独自の政策を創造することが、今後ますます重要になるだろう（松下 1999）。

　それでは、現状の地方議会はこのような期待に十分応えているか。人事や政策決定において議会が一定の役割を果たしており、単純な首長優位とは言えないという研究もある（曽我・待鳥 2007）。他方で、女性や若者、サラリーマンなどの利益がいまだ十分に代表されていない点、議員提出の条例が少ない点、そして地方議会内の総与党化（議員の大多数が首長の施政を支持すること）と首長選への**相乗り**（国政では与野党に分かれている諸政党の多くが、同じ首長候補を推すこと）により、首長との間に緊張が欠けがちである点などが指摘され続けている。近年、後述するように機関委任事務が廃止されるなど、地方議会の審議を空洞化してきた要因も取り除かれつつある。政治的討議の場としての議会のさらなる充実が求められよう。

　さらに地方自治において、住民の政治参加のチャンネルは議会だけではない。一般的には、リコール、イニシアティブ、レファレンダムなどがある。**リコール**とは、首長・地方議員や議会が住民の代表として機能しなくなったとき、その首長・議員の解職や議会の解散を求めるための制度である。**イニシアティブ**は住民が望ましいと思う政策を住民自身が発案する制度、**レファレンダム**は特定の地域の住民だけに関連をもつ問題について住民自身の直接投票を求める制度である。日本の地方自治においては、リコールについては首長・議員の解職請求、議会の解散請求が法制化されているが、イニシアティブに関しては完全な意味では実現していない（条例の制定または改廃の請求が認められているが、最終的な決定権はない）。レファレンダムについては、1995 年の新潟県巻町における原子力発電所の立地をめぐる住民投票や、市町村合併の是非を問う住民投票など、住民投票を条例によって制度化する自治体が増えている。

［図9-2］　名古屋市議会の解散投票（2011年）。
市民税減税をめぐって市長と市議会が対立、市議会がリコールされた。
© 読売新聞社

② 地方分権改革

●地方分権

20世紀末に始まった地方分権改革は、日本の地方自治の歴史において新たな時代の到来を告げるものである。この改革がもった意味を理解するためには、明治時代にまで遡って考える必要がある。明治の地方自治制度において、府県、郡、市町村は自治体であると同時に、国の地方行政機構であった。特に府県知事や郡長が内務省によって任命される国の官吏であったこと（官選制）に示されるように、府県と郡は国の下級機関としての側面が濃かった。これに対し、戦後内務省が解体され、知事公選制が導入された。また日本国憲法と同時に地方自治法が施行されることで、都道府県と市町村はともに地方公共団体として位置づけられた。いわば制度的には完全な自治体になったわけだが、明治地方自治制度で市町村に適用されていた機関委任事務が都道府県にも採用されたことで、問題も残された。

　機関委任事務とは、本来は国の事務を、行政効率や住民の利便性を考えて地方自治体に処理を代行させるものである。機関委任事務に関しては、自治

体の長は国の地方行政機関と位置づけられ、各省の事務を主務大臣の監督下に執行する。機関委任事務が多かったことから、首長の仕事の多くが国の行政機関の下級機関としてのものになった。また、地方議会も国の事務である機関委任事務には関与できず、二元代表制が十分に機能しえなかったのである。中央政府が地域における行政サービスの提供に対して広範に関与する仕組みは、**融合型**の中央─地方関係（天川 1986）と呼ばれるが、戦後においてもこの融合型の仕組みが維持されたのである。

　その意味で 2000 年の改革の最大の意義は、機関委任事務の廃止にあった。これにより、国と自治体は法制度上、対等な関係に立つことになったのである。機関委任事務は、国の直接執行事務とされたわずかな事務をのぞき、法定受託事務と自治事務に再編成された。**法定受託事務**とは、国勢調査、国政選挙や旅券の交付など、国が本来果たすべき事務で、国として適正な処理が求められるものについて、法律に基づいて自治体に委託される。法定受託事務以外はすべて**自治事務**とされた。重要なのは、法定受託事務、自治事務ともに、機関委任事務と違って、議会の条例制定権の対象になったことである。ここにようやく、首長と議会はともに純粋に住民の代表としての政治責任を負うことになった。

　それでは、なぜこのような改革が実現したのか。高度経済成長が終わり一定の近代化を実現した日本社会は、各種のナショナル・ミニマム（政府が国民に保障する最低限の生活水準）が達成され、少子高齢化が進むなど、成熟社会と呼ばれるに至った。この結果、中央省庁で決定した政策を全国一律に実現するよりも、地域の実情をふまえ、それぞれ自治体が地域の課題に取り組む必要性が高まったのである。国際化が進んだことも、国家と自治体の関係を問い直す契機となった。

　そして 1990 年代に入り、80 年代以来の行政改革に続いて、政治改革が焦点となった。結果として、公共事業を中心とする利益誘導政治に決別を告げる必要からも、地方分権改革への機運が高まった（新藤・阿部 2006）。93 年6 月に衆参両院で超党派による地方分権の推進に関する決議がなされ、同年

10月には地方分権を規制緩和と並ぶ行政改革の二本柱に据えた第3次臨時行政改革推進審議会の最終答申が出された。この間、自民党の長期政権が崩壊し、以後、細川、羽田、村山内閣と変わったが、地方分権推進の動きは続いた。94年に地方分権推進大綱が閣議決定、翌95年5月に地方分権推進法が制定され、**地方分権推進委員会**が設置された。この分権委員会の勧告をふまえ、橋本政権が98年5月に第1次地方分権推進計画を閣議決定、ついに99年の地方分権一括法制定に至ったのである。

●地方財政

地方分権改革の結果、地方自治体は名実ともに自らを治める課題を担うことになった。しかしながら、こうした地方分権改革がスタートしたのは、国・自治体ともに深刻な財政逼迫のただ中であった。そこで、2001年に成立した小泉内閣は、地方分権と国の財政再建を同時に進めることをめざして、**三位一体の改革**を打ち出した。「地方にできることは地方に」をスローガンに、国庫補助負担金を改革し、国から地方に税源を移譲しながら、地方交付税の縮減をめざすものであった。この改革の意味を考えるためにも、従来の地方財政の仕組みについて振り返る必要がある。

　日本の地方自治に関してしばしば自主財源の乏しさが指摘される（図9-3）。国と地方を合わせた租税収入のうち、各自治体に納められる**地方税**は約4割である。他方、国と地方を合わせた歳出のうち、約6割が各自治体によって支出されている。このギャップを埋める秘密は地方交付税と国庫支出金（国庫補助負担金など）にある。すなわち国税収入のすべてが中央政府の財源になるのではなく、その一部が自治体に分与されるのである。**地方交付税**は自治体間の財政格差を是正するための財政調整制度であり、自治体ごとに基準財政需要額と基準財政収入額を算定し、その差額分が支出される。自治体の一般財源となる地方交付税に対し、**国庫支出金**は、公共事業、社会保障、教育など使い道が決められた上で、国から地方自治体に支出される。このような地方財政のありかたが、融合型の中央─地方関係を支えるとともに、中

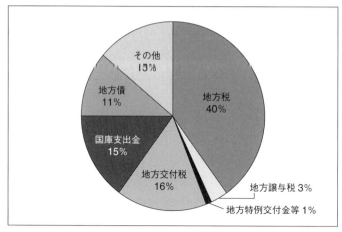

[図9-3] 地方自治体の歳入構造（令和元年度）

注：都道府県・市町村の純計。地方税・地方贈与税・地方特例交付金等・地方交付税は一般
　　財源と総称され、各自治体の裁量で使い道を決められる（全体の約6割にすぎない）。
出典：令和3年度地方財政白書より作成。

央と地方の間の独特な政治的相互依存の関係（村松1988）を生み出した。

　このことから、地方分権改革においては、歳入の自治が大きな課題として
浮上した。これに応えて三位一体の改革は、国から地方へ税源を移譲する一
方、同時に国の財政健全化に資するため、国庫補助負担金を削減し、地方交
付税を抑制することを骨子とした。しかしながら、税源移譲がいまだ十分に
進んでいないこともあり、国の財政赤字を地方に押しつけただけにすぎない
という批判も少なくない。実際、財政難に苦しむ自治体の数は多く、2007
年に財政再建団体（2012年から財政再生団体に名称変更）になった夕張市
のように、財政破綻に陥る自治体も出てきた。このような状況をふまえ制定
されたのが**地方公共団体財政健全化法**であり、財政の健全度の指標を示すこ
とで、早期の危険発見と破綻防止がはかられている。

　このように国と地方の間で税制の再編が進みつつあるが、都道府県と市町
村を含め、自治体同士の間の再分配も今後の課題である。地域ごとの税源の
不均等がある以上、再分配は不可欠であるが、その上で個々の自治体の財政

上の自治が重要になってくるだろう。

●市町村合併

関連して、21 世紀初めには、市町村合併が進んだ。これを**平成の大合併**と呼ぶが、大規模な合併はなぜ行われたのか。合併の理由として挙げられるのが、地方分権の受け皿論である。地方分権時代にふさわしい市町村の行政能力の向上や効率性のために、より大規模な自治体が求められたのである。介護保険制度の導入やゴミ処理は、大規模化を必要とした問題の一例である。生活圏や経済圏の広域化もこの動きを後押ししている。他方、財政上の理由も大きかった。国と地方の財政危機が深刻化する中で、規模の経済を働かせることで自治体財政を健全化・効率化することも、市町村合併の目的となった。合併にあたっては、市町村合併特例法が地方分権一括法によって改正され、合併特例債などによる財政支援が行われたことの効果が小さくない。この結果、1999 年度末時点で全国 3,232 あった市町村は、2013 年度末の段階で 1,718 にまで減少した。

　市町村合併については、上記のようなメリットがある一方で、実質的に国による強制であって自治の原則に合致していないという批判も含め、多様な評価がなされている。住民投票の結果合併を選ばない自治体や、福島県の矢祭町のように市町村合併をしないという宣言をする自治体も出た。現在では合併ではなく、複数の自治体が協議会を設け、事務の共同処理や連絡調整を行う**広域連携**の仕組みも採用されている。いずれにせよ重要なのは、市町村が基礎的自治体として今後その任務を果たしていくにあたって、現在の規模が適切であるかどうかであり、これを地域の自立という視点から住民自身が判断していくことが大切であろう。

　この間、日本各地で人口減少が進んでいる。日本全体の人口は 2008 年をピークに減少に転じ、各自治体においても少子高齢化の進展が深刻な問題となっている。民間の有識者組織である日本創成会議は 2014 年に、少子化と人口流出によって存続が困難になるおそれのある自治体を**消滅可能性都市**

（2010年から40年にかけて、20～39歳の若年女性人口が5割以下に減少する市区町村）として発表した。

 ## 地方政治の動向

●活躍する首長

戦後の地方政治の変化を見るために、それぞれの時期に活躍した都道府県知事のありかたを比較してみたい。すでに指摘したように、首長は直接選挙によって選ばれるため、地方政府レベルでの政権交代を容易にする。実際、自民党の一党優位が続いた国政に対し、地方選挙においては早くから社会党・共産党の支持で当選する知事が登場した。60年代半ばから70年代初頭にかけては、公害問題に対する環境対策や、高齢者などへの福祉政策を争点に、多くの**革新系知事**が当選した。

　しかしながら、高度経済成長の終焉、二度の石油危機などの国際的政治経済要因により、国・地方の税収は伸び悩むようになる。この結果、再分配政策を中心とする革新系首長優位の時代は終わり、1980年代以降、国政と同様に地方レベルでも保守回帰が明らかになった（◆第6章第3節）。革新系知事には大学教授や弁護士が目立ったのに対し、この時期を象徴するのは東京都知事になった鈴木俊一をはじめ自治官僚出身の知事である（片岡1995）。これら自治省（現在の総務省）出身の知事たちは、行政経験と中央との関係をアピールし、財政赤字の解消をめざす財政再建を押し進めたが、景気が回復するにつれて積極的な開発政策も行った。またこの時期、公明党や民社党などの中道政党が自民党と連合することが多くなり、やがて、共産党以外の政党による知事選への相乗りが目立つようになった。

　このように相乗り化が進んだことは、地方政治において伝統的な保革対立が後退したことを意味する。しかしながら、地方政治をめぐる環境は90年

[図9-4]　主な東京都知事（左上から美濃部亮吉、鈴木俊一、青島幸男、石原慎太郎、小池百合子）
© 読売新聞社（美濃部、鈴木、青島）／ © 毎日新聞社（石原）／ 写真：吉澤菜穂／アフロ（小池）

代以降、急激に変化していく。バブル崩壊から「失われた10年」へと続く長期停滞の中、地方税収が落ち込んだ上に、中央政府の景気対策による減税や財政出動により、地方財政は危機に瀕することになったのである。このような状況において、新たな知事たちが続々と登場する。先頭を切ったのは、1995年に当選した東京都の青島幸男、大阪府の横山ノックであった。全国的には相乗り知事が続く一方で、増大する無党派の支持を受けて、諸政党の支持を一切受けることなしに当選する知事が出現したのである。この場合、臨海部の大規模開発を伴う博覧会の中止を掲げた青島や、脱ダム宣言を行った長野県知事の田中康夫のように、従来の開発政策への批判も1つの焦点となった。このような**無党派知事**は議会に明確な与党をもたないことから、必ずしも政治的成果をあげることなく終わる場合もあったが、無党派知事はその後も増えていった。

　その中でも特に三重県の北川正恭らは、マスメディアによって「改革派知事」と呼ばれるようになる。彼らの前職や出馬の経緯はさまざまであるが、従来の行政主導による政策作りと一線を画し、情報公開を積極的に進めるなど、住民に対する説明責任を果たす政治をめざした点に共通性がある。さらに、北川らの提唱で始まったローカル・マニフェスト（数値目標、期限、財源を示し、検証可能な政権公約）も、地方政治における新たな動向である。二元代表制をとる地方自治体において、首長によるマニフェストは議会との関係において緊張をもたらす可能性があるが、有権者との契約によって政治を規律する新たな可能性を示している。

　さらに後にコラムで触れるように、新型コロナウイルス感染症の拡大への対応においても、知事たちの独自の取り組みが目立った。地域の実情に合わせた施策や独自の判断は、地方自治の視点からも評価すべき事態である。一方、自治体の行財政改革の名の下に職員数が削減されることも多く、一例を挙げると、大阪府で進められた保健所の統合や削減がその後のコロナ対応に悪影響を与えたという批判もある。

　この間、国政レベルにおいても知事の存在感は増すばかりである。知事の発言や行動はしばしば大きく報道され、国政に対しても大きな影響を与えるようになっている。また、全国の都道府県、市町村の首長と議会議長の連合組織から成る**地方6団体**は、地方分権改革の過程で一致して機関委任事務廃止を主張するなど、政策提言機能を強めている。三位一体改革においても、全国知事会を中心に補助金削減の具体案について意見のとりまとめを求められ、さらに国と地方の協議の場も設定され、交渉が行われた。

●地方政治への参加

　このように、現在は戦後日本の地方自治の歴史においても、大きな転換期にある。このことは地方政治への参加の拡大においても明らかであろう。そのための条件整備として、まず重要なのが**住民投票**と**情報公開**である。住民投票についてはすでに触れた通りだが、情報公開制度についても国より地方自

治体が先行し、各地で情報公開条例が制定されている。行政監視を担う公的な**オンブズマン制度**についても、1990 年に川崎市で市民オンブズマン条例が制定されるなど、各地の自治体に広がっている。

　住民投票として大きな話題を呼んだのが、**大阪都構想**である。2010 年に橋下徹大阪府知事（当時）らによって地域政党である大阪維新の会が結成され、大阪都構想の実現が掲げられた。大阪市を廃止し、現在東京都が採用する仕組みと似た都区制度に再編することを争点に、2015 年と 2020 年の二度にわたって住民投票が行われたが、いずれも否決された。

　地域づくりについても、まちづくりや土地利用の理念や目標を掲げ、開発や建築を規制するための条例が制定されている。特に 1990 年代以降、リゾート開発などに対し、環境や景観の保護を求める条例制定の動きが目立っている。この場合、各地域の個性や独自性を守ることが重視され、住民にとっての地域への誇りやローカルアイデンティティも重視されることになる（東大社研・玄田・中村 2009）。

　21 世紀以降の興味深い動向としては、**自治基本条例**の動きが挙げられる。2001 年にニセコ町で施行されたまちづくり基本条例を嚆矢に、自治体の憲法とでも呼ぶべき条例が制定されるようになっている。この自治基本条例は従来の市民憲章などとは違い、あるべき市民のありかたをめぐる規範の提示にとどまらず、具体的な自治体運営の基本原則までを法制化したものである。住民の参加の下に、それぞれの地域の自治の仕組みを根本的に検討することの意義は大きいであろう。

　関連して、2006 年に北海道の栗山町で施行されたものをはじめ、**議会基本条例**も作られるようになっている。地方自治のありかたが新たな段階に達した現代において、真に地方議会がその任務を果たしているかがあらためて問われている。単に特定の地域や組織の利益を代表する議員たちの個別的な要求を処理するばかりでなく、真に自治体のルールを作り、作り直す場として議会が活性化することが求められている。一方、人口減少により地方議員の成り手不足が深刻化しており、首長選や議会選挙における無投票も目立つ

ようになっている。また女性議員の少なさも批判の対象となっている。議会を地域住民により密着したものにするため、より多くの人にとって参加のしやすい夜間議会なども提案されている。

　さらに、地域の自治や行政を誰が担うかという点についても、新たな動きがある。まず受験資格を日本国民に限るという国籍条項を撤廃し、外国人に公務員への道を開く地方自治体が増えている。とはいえ、国籍条項の撤廃はいまだ制限付きが多く、いかなる職種の国籍制限をなくすかについては、全般的な慎重論を含め、一致を見ない。外国人参政権についても、永住外国人に地方選挙権を認める動きがあるが、反対論も強い。重要なのは地域自治のメンバーシップの問題であり、地域社会を誰が担っているかが十分に考慮されなければならないだろう。

　現在、しばしば「ガバメントからガバナンスへ」が論じられている（Rhodes 1997）。経済のグローバル化、公的サービス提供における民間セクターの役割増大、環境や高齢者福祉など新たな政策課題の登場により、伝統的には政府中心に理解されがちであったガバメントに代わり、企業・NPO（◆第7章第3節）など、非政府的ネットワークを含めた秩序形成であるガバナンスが重視されている。このことは地方自治にもあてはまるだろう。まさに「ローカル・ガバメント」から「ローカル・ガバナンス」が時代の大きな課題になっている。

　地方自治は、住民にとって最も身近な政治の場である。そこで議論され、決定されることがらは、直ちに自分たちの生活に跳ね返ってくる。さらに、身近である分、生々しい利害が目に見えやすく、不公平感も生じやすい。それだけに独特の不偏性が求められるのが地方政治である。しかしながら、身近に感じられること、結果が直ちに自分たちに跳ね返ってくること、何よりも不偏性が求められることは、いずれも現代における民主政治の重要課題である。ある意味で地方自治は、現代における民主政治のありかた全体に影響を及ぼす、最も重要な部分なのである。

新型コロナウイルス感染症と知事

新型コロナウイルス感染症の拡大という危機的状況において、その存在に注目が集まったのは都道府県知事である。2020年2月下旬、北海道の鈴木直道知事は一斉休校を要請し、独自の緊急事態宣言を発表した。また4月7日に安倍晋三首相が緊急事態宣言を発令した際、首相自身は広範囲の休業要請は想定していなかったが、むしろ小池百合子東京都知事が主導する形で休業要請が実施されることになった。知事の存在感が増すことは、しばしば国との対立にもつながる。緊急事態宣言の解除をめぐっても国と知事の間での考えの違いが明らかになった。菅義偉首相に代わってからも、ワクチン接種のありかたや時期をめぐって、国と自治体の間の考えのずれが顕在化した。

　ある意味で、それは自然なことでもあったと言える。広い国土の日本において常に一律の感染症対策が必要なわけではない。地域ごとの状況に合わせて、具体的な対策を実現するのは地方自治体の役割である。場合によって、国とは異なる判断をせざるをえない場合もあったはずだ。住民の多様な声に応え、必要な対策を講じることも、住民により身近な自治体の役割である。新型コロナウィルス感染症を診断するPCR検査を独自に推進したり、地元医師会の協力により病床数の確保に努めたりした自治体もあった。

　しかしながら、もし国と都道府県の間で有効な情報共有や相互調整がなされず、双方の施策が矛盾したり、相互の間で責任の所在が曖昧になったりすれば、むしろ弊害の方が大きくなる。1990年代の政治改革や行政改革以来、首相や首相官邸の権限が強化される一方で、地方分権改革によって都道府県知事の役割が拡大している。その限りにおいては、両者の改革のベクトルが正面から異なっているのであり、あらためて双方の改革の関係を問い直し、より整合的な日本の統治システムの再編が必要であろう。

　新たな集権構造によって、地方分権改革が志向した分権型社会の理念が否定されることはあってはならない。新型コロナウイルス感染症を機に、国と自治体の関係を考え直すべきである。　　　　　　　　　　　（宇野重規）

グローバル化

こ　れまで、民主政治についてさまざまな観点から議論してきたが、そこでは、その単位が国家であることが暗黙の前提となっていた。しかし、国家は複数存在するため、国家と国家の関係（国際関係）の性質は別に検討しなければならない。国際関係では、民主国家の国内政治とは異なり、平和的に紛争を解決する仕組みが未発達であるため、暴力行使の可能性が完全には排除されない。国際関係が戦争を伴うものであることは、熾烈な生存競争を国家に強いることで、国家機構の発展や民主化、福祉国家の成立に大きな影響を与えた。

　冷戦後の世界では、EU（欧州連合）に代表される地域的国際機構の発展やグローバル化によって国家の相対化が進んだ。こうした動きによって国家の重要性が直ちに減じるわけではないが、グローバルな関係の中で、国家を越える集合的な意思決定の網の目に組み込まれた結果、個々の国家が単独で決定できる問題が少なくなっていることも事実である。移民の増加や経済格差の拡大に対する反発を背景にして、最近の先進国では地域機構やグローバル化に反対する政治勢力への支持が強まっている。

TPP11 参加国の閣僚級会合（2019 年）
ⓒ　毎日新聞社

主権国家体制

●主権国家体制の成立と拡大

現在の世界は190を超える主権国家によって構成されている。では、国家が**主権**をもつとは何を意味するのだろうか。主権の対内的な意味は、国家のみがその領域内で一律に適用されるルールを定め、国を統治するために必要な決定を行いうるということである。対外的には、世界政府のような、国家に対してさまざまなルールや決定を強制することのできる上位の存在がないことをさす。言い換えれば、現在の国際システムは**無政府状態**である。

　主権国家体制が最初に誕生したのは初期近代のヨーロッパであった。中世ヨーロッパにおいては、対内的には封建貴族や都市が武装権を含めさまざまな特権を有しており、対外的にはローマ教皇や神聖ローマ皇帝が担った超国家的な権威のために、主権国家と呼べるものは存在しなかった。だが16世紀になると、上述のようなヨーロッパの中世的秩序は大きく変容する。まずイングランドやフランスでは、国王権力が封建貴族の特権を侵食することによって絶対主義国家が成立した。さらにドイツに始まった宗教改革の結果として誕生したプロテスタント諸国は、ローマ教皇が自国内で有する権威を否定することにより、その独立性を高めていった。17世紀前半に現在のドイツを主な舞台として戦われた三十年戦争は、プロテスタントとカトリックという、キリスト教の2つの宗派の間の宗教戦争としての側面と、ハプスブルク家の覇権をめぐる争いという側面とをもっていた。この戦争の結果として、ローマ教皇や神聖ローマ皇帝の権威は失墜した。とりわけ、神聖ローマ帝国からオランダやスイスが独立したことと、帝国各領邦の独立性が高まったことは、主権国家体制成立に向かっての重要な一歩であった。主権国家体制を、三十年戦争を終結させた条約の名称にちなんで**ウエストファリア体制**と呼ぶのは、それなりの理由がある。

　さて、当初絶対主義国家という形で成立した主権国家は、やがて**国民国家**へと変貌していく。国民国家とは、（多分に想像上のものであるが）共通の言語や歴史を中核とする文化的なまとまりである「ネイション（民族）」に正統性の源を見出すような「国家」のことを指す（◆第2章第2節）。国民国家の特色は、政治的軍事的単位である国家と文化的単位であるネイションの境界が一致する点にある。この考え方が広く受け入れられている所では、あるネイションが別のネイションの支配下に置かれていたり、複数の国家の間で分断されていたりする場合には、単一の独立国家をもつことを要求する**ナショナリズム運動**へと発展することが多い。フランス革命の結果としてフランスで国民国家が誕生すると、それに触発される形でイギリスでも国民意識が形成された。19世紀中葉以降はヨーロッパ各地でナショナリズムが高揚し、イタリア統一（1861年）やドイツ統一（1871年）が実現した。

　国家間の熾烈な抗争が近代国家発展の原動力となった点に、主権国家体制の特質がある。ライバルを打ち負かすためには常備軍や徴税のための行政機構の整備が不可欠であり、これは当初国王権力の強化につながった。しかし軍事費を賄うための課税には議会の同意が必要であり、イギリスをはじめとして議会はやがて予算や行政一般への発言権を獲得していった。第1次世界大戦後の選挙権の拡大、第2次世界大戦後の福祉国家の建設には、一般市民が二度の総力戦に貢献し多大な犠牲を払ったことに対する対価という側面もあった（◆第2章、第3章）。

　ところで、お互いを主権国家、つまり国際社会の一員として承認したのは西欧諸国と西欧諸国からの植民者によって建国された北米・南米諸国のみであった。これらの国々は自分たちのみを文明化された存在だとみなし、アフリカやアジアを事実上支配していた勢力を主権国家体制の一部とは認めなかった。18世紀末から19世紀にかけて起きた産業革命の結果として、英仏に代表される西欧諸国は他に並ぶもののない工業力・軍事力を獲得し、20世紀初頭までにアフリカ　アジアのほとんどの地域を植民地化することで広大な帝国を築いた。非西欧諸国の中で、近代化や西欧化を進めることによって、

西欧諸国からはじめて主権国家として承認されたのは日本とトルコであった。アメリカのウィルソン大統領が第1次世界大戦後の世界秩序の原理として掲げた**民族自決**原則は、植民地状態に置かれた世界各地の人々の希望をかきたてたが、実際にこの原則が適用されたのは大戦で敗戦した諸国のヨーロッパ領土のみであった。アジア・アフリカの植民地の大半が独立し主権国家としての地位を獲得できたのは、第2次世界大戦が終わった後のことである。世界中があまねく主権国家によって統治される現在の世界は、このような長いプロセスの結果としてようやく誕生したのであった。

●国際関係の捉え方

国際関係が無政府状態によって特徴づけられることはすでに見たが、そのため国際関係は本書の他の章で扱われる国内政治とは対照的な論理に基づいている。ここでは、特に国際政治学における二大理論である**リアリズム**（**現実主義**）と**リベラリズム**（**国際協調主義**）の国際関係観を簡単に紹介しよう。

　リアリズムの立場をとる論者（リアリスト、現実主義者）によれば、無政府状態とは戦争状態に他ならない。戦争状態とは常に戦争が起きていることを意味するわけではないが、いつでも戦争が起きる可能性のある状態である。そこでは、国家はその安全と独立を最重要な目標とみなさざるをえない。国際関係において、軍事力が重要になる所以である。軍事力とは相手との強弱の比較によって測られる相対的なものであるから、国家は自国の安全をはかるため、他国が自国より優位に立つことを防ぐよう行動する必要がある。このような政策のことを**バランス・オブ・パワー**（**勢力均衡**）という。しかし無政府状態の下では、一国の安全は他国の脅威であるから、バランス・オブ・パワーに基づく平和は不安定なものである。例えば、A国がB国より優位な力をもつ状態はA国にとっては安全であるが、B国にとっては脅威である。そこでB国が自国の軍事力を強化したり、他国と同盟を結んだりしてA国より優位に立てば、今度はA国にとっては脅威となる。こうしてA国は再び対抗措置を講じる。このように、一国が自国の安全を目標とし

て一方的に行動したために他国による対抗措置を招き、かえって自国の安全を危うくしてしまうことを**安全保障のディレンマ**という。

18 世紀以降、バランス・オブ・パワーは国家が追求すべき「政策」という意味に加えて、一国が他国に抜きんでた軍事力を有することなく各国間の力の均衡が維持されれば国際平和が保たれるという観点から、望ましい国際社会の「状態」を指し示す概念としても用いられるようになった。もっとも、どのような力の分布が平和の維持につながるのか、リアリストの間では必ずしも合意をみない。最近では、第 2 次世界大戦後の世界におけるアメリカのように、一国が圧倒的な経済力・軍事力を有する状態こそ平和をもたらすという立場（**覇権安定論**）も有力である。

これに対してリベラリズムの立場に立つ論者（リベラリスト）によれば、国家とは別にグローバルな社会が存在し、それが国家の行動にとって重要な条件となっている。リベラリストは国際政治に関するリアリストの悲観的な見方を批判し、国際組織の創設や民主化の進展、国境を越えた経済的交流などを通じて、国家が互いに協調することは可能であると主張する。その中核にあるのは、個人の自由の擁護と理性への信頼である。産業革命以降の技術革新と経済発展とを背景として、19 世紀中葉は進歩の可能性を信じるリベラリズムの時代であった。当時のリベラリストが国際平和をもたらす要因として最も期待したのは、政治の民主化と自由貿易の拡大であった。ドイツの哲学者カントは、その著『永遠平和のために』（1795 年）において、人民の政治に対する発言力が向上するにつれて世界は平和になるだろう、という期待を表明した。同書は、国際協調主義の古典となる。また、19 世紀イギリスの実業家・政治家のリチャード・コブデンは、安価な外国産小麦の輸入を制限する穀物法廃止の旗振り役になったが、それは、彼が代表した製造業の利益のためだけではなく、自由貿易が平和を促進し戦争の防波堤になるという信念のゆえでもあった。このような考え方は、現在のリベラリストにも**民主的平和論**や**相互依存論**という形で受け継がれている。

1914 年に勃発した**第 1 次世界大戦**は、バランス・オブ・パワーに立脚し

た平和の脆さを示すと同時に、国際協調主義の期待をも打ち砕くものであった。第1次世界大戦の原因は、1871年のドイツ統一がヨーロッパのバランス・オブ・パワーを大きく変化させたことにある。19世紀のヨーロッパにおいては、イギリスがヨーロッパ大陸の同盟関係に与せず（「栄光ある孤立」政策）、いかなる国も大陸で支配的な地位を占めることがないようバランスを取る役割を果たすことによって、バランス・オブ・パワーが維持されてきた。しかしドイツ統一とその後の同国の工業発展によってヨーロッパ大陸の中央に強大な軍事力をもつ国家が登場したことは、ヨーロッパの安全保障環境を一変させる。特に19世紀末以降、ドイツの外交政策が植民地獲得や海軍整備をめざす方向へ変化すると（新航路政策）、同国の台頭を脅威に感じたフランス、ロシア、イギリスは三国協商を結成して対抗した。対するドイツは、オーストリア＝ハンガリー、イタリアとの三国同盟を強化する。このように、ドイツ統一を契機としてヨーロッパが2つの軍事同盟に分断された。そして、オーストリア＝ハンガリー帝国の皇位継承者がサラエボで暗殺されたことを直接の引き金として、ヨーロッパの主要国のほぼすべてを巻き込む第1次世界大戦が勃発したのである。

●国際機構の構想

第1次世界大戦が人類史上未曾有の犠牲を伴う中で、伝統的なバランス・オブ・パワーに基づく国際政治の信用が失墜したのは不思議でない。アメリカ大統領のウッドロー・ウィルソンはバランス・オブ・パワーを手厳しく批判し、**集団安全保障**に基づく国際秩序によってそれを置き換えることを提唱した。集団安全保障とは、国内政治における議会や裁判所に類似した制度をそなえた国際組織を設けることで、国家間の紛争を平和的に解決し、戦争を防ぐという考え方である。前述のカントは、国際組織によって平和を維持するという構想の先駆者でもあった。集団安全保障を実現するために、1920年に**国際連盟**が創設された。

　集団安全保障では、国際的な安全保障は集団的な責任であり、すべての国

が力をあわせて侵略国に立ち向かう必要がある。もしすべての国が平和を維持する義務を負わなければ、**ただ乗り**が発生しかねないからである。国際連盟の下では、規約で定められた手続きを経ないで戦争に訴えることは禁止された。理事会は大国からなる常任理事国と、中小国からなる非常任理事国によって構成され、全加盟国が参加する総会では一国一票の原則が採用された。連盟の加盟国は各国が侵略を受けた場合に侵略された国を擁護すると公約することで、侵略を未然に抑止することを試みた。それにもかかわらず実際に戦争が起きてしまった場合には、侵略国を処罰するため、国際連盟の決定に基づいて、加盟国が経済制裁もしくは軍事的な措置をとることが想定されていた。ただし、国際連盟自体は独自の軍事力をもたなかった。

　国際連盟は小国間の国際紛争を解決するために一定の貢献をなし、保健衛生など軍事以外の分野でも積極的な活動を行った。だが、1930 年代に枢軸国（ドイツ・イタリア・日本）が第 1 次世界大戦後に誕生した国際秩序に挑戦する中、大国が関与した満州事変やアビシニア事件（イタリアによるエチオピア侵略）を解決することができず、第 2 次世界大戦の勃発を防げなかった。国際連盟が失敗に終わった背景にはいくつかの事情がある。第 1 に、第 1 次世界大戦の戦勝国はドイツの弱体化をめざすあまり、非常に厳しい講和条約（ヴェルサイユ条約）を押しつけた。敗戦国ドイツは多くの領土を失い、多額の賠償責任を負わされたため、ドイツ人の多くはヴェルサイユ体制を正当なものとはみなさなかった。

　第 2 に、国際連盟自体にもいくつかの問題があった。まず、第 1 次世界大戦後の世界に大国として登場したアメリカとソ連は、国際連盟に参加しなかった。ロシア革命の結果として世界初の共産主義国家となったソ連は外交的に孤立しており、1934 年にようやく連盟に加盟したが、1939 年に追放された。アメリカは国際連盟創設を提唱しておきながら、戦争に巻き込まれることを嫌う上院の反対によって、国際連盟への参加を断念した。米ソ両国不在の結果、国際連盟で中心的な地位を占めることになったイギリスやフランスは、自国利益の維持・増進につながらない制裁発動には消極的であった。こ

れらは侵略国に対する制裁がリスクを伴うことを考えれば不思議でなく、独自の軍事力を持たず加盟国による制裁に依存した国際連盟の構造的な問題といえよう。国際連盟はその規約で国際平和が全加盟国にとっての関心事であると宣言したものの、実際には各国が集団安全保障のコストを負担することを拒否したために失敗に終わったのであった。

●国際連合と地域的軍事同盟

第2次世界大戦後**国際連合**が誕生した（1945年）。国連憲章は集団安全保障と自衛・集団的自衛を除いて武力行使を原則として禁止した。国際連盟が大国間の意見の相違によって失敗に終わったという反省から、国際連合では大国間の協調がより重視された。理事会は**安全保障理事会**と改称され、集団安全保障の決定権を独占した。その**常任理事国**となったアメリカ、ソ連、中国、イギリス、フランスの5ヵ国には拒否権が認められた。また国連憲章には国連軍に関する規定が新たに盛り込まれた。

　しかしながら、第2次世界大戦後の国際政治において国連が中心的な役割を果たしたとは言い難い。大戦終結後わずか数年で米ソ間の**東西冷戦**が始まり、世界は2つの軍事ブロックに分断された。冷戦の背景にあったのはイデオロギー対立であり、西側陣営は主として自由民主主義諸国、東側陣営は共産党の一党独裁と生産手段の公有化・計画経済によって特徴づけられる社会主義諸国によって構成された。冷戦のため、大国間の協調を前提とする安全保障理事会は機能不全を起こした。国連軍の設置は実現せず、国際紛争が集団安全保障の枠組みのもとで対処されたのも、朝鮮戦争（1950–53年）と湾岸戦争（1990–91年）の二度にとどまる。

　国連に代わって冷戦期の安全保障に中心的な役割を果たしたのは、地域的な軍事同盟であった。ヨーロッパ・大西洋沿岸地域では、アメリカを中心とする西側諸国が**NATO（北大西洋条約機構）**、ソ連を中心とする東側諸国がWTO（ワルシャワ条約機構）をそれぞれ結成した。これにより、米ソをはじめとする同盟の主要構成国以外が単独で戦争を起こす能力は大きく制限さ

［図10-1］　キューバ危機（1962年10月）。
キューバに核ミサイル基地を建設しようとしたソ連に対し、アメリカはキューバ周辺を海上封鎖。
写真はソ連の貨物船を止める米駆逐艦。
©AFP＝時事

れた。東アジアではヨーロッパとは異なり、多国間の軍事機構は存在せず、日米安全保障条約のような二国間協定によって同盟関係が築かれた（ハブ・アンド・スポーク）。東西対立が激化する中、インドを中心とするアジア・アフリカの新興独立国は、東西両陣営のいずれにも属さない**非同盟運動**を起こした。北半球の先進工業国と、南半球の新興独立国との間の**経済格差**は**南北問題**として、東西対立と並ぶ重要課題になった。一国一票制をとる国連総会では途上国が多数を占めるようになり、その決議には加盟国に対する拘束力こそないが、国連貿易開発会議の開催など、社会経済分野でのアジェンダ設定に一定の役割を果たした。

　東西両陣営は多数の核兵器を保有し、1962年のキューバ危機のように一触即発の事件を経験しながら、もし核戦争になれば必ず双方が破滅するという**恐怖の均衡**の上に平和が維持された。米ソ間で直接の軍事衝突が起きなかったため、冷戦は長い平和だったという評価もある。しかしこれは先進国に偏った見方と言えよう。冷戦期を通じて米ソ対立は第三世界の非同盟諸国にも波及し、その過程で多くの血が流された（**グローバル冷戦論**）。

　1989年に東西分裂の象徴だったベルリンの壁が崩壊、翌年には東西ド

イツが再統一した。1991年にはソ連が崩壊し、二極構造の世界とイデオロギー対立は過去のものとなった。冷戦終結により大国間の軍事的衝突の可能性が低下し、安全保障問題の焦点は国内の民族的・宗教的紛争に移った。同時に欧米諸国を中心に、民主主義・人権・法の支配・市場経済に基づく**リベラル国際秩序**を構築しようという動きが強まった。湾岸戦争が集団安全保障の枠組みで解決されたことは、冷戦後の世界では安全保障理事会の行き詰まりが解消され、国連がより重要な役割を果たせるという期待を高めた。しかし、冷戦後にあっても常任理事国間でコンセンサスを形成するのは難しい。旧ユーゴスラビア紛争では欧米諸国が虐殺など深刻な人権侵害に対処するため**人道的介入**を支持したのに対し、国家主権を重視するロシア・中国は反対し、最終的にNATOは国連安保理決議なしの軍事力行使に踏み切った。冷戦終結により唯一の超大国となったアメリカは**単独行動主義**への傾斜を深め、2003年には、武力行使を明確に正当化する安保理決議を経ないままイラク戦争に踏み切った。国連とその集団安全保障を中核とする国際平和の構想が現実のものとなるまでの途は、なお遠いと言わざるをえない。

2 地域的国際秩序の構想

●EU（欧州連合）の設立

第2次大戦後の世界では、国際連合のような普遍的国際機構と並んで、地域的国際機構が発展を見せている。地域的国際機構が設けられる理由としては、国連などと比べて参加国の経済的水準や文化的背景が近く協力が実現しやすいことに加え、他の地域に対する影響力の強化という狙いもあるだろう。以下では、その中で最も発展した例である**EU**（**欧州連合**）について説明しよう。

[図10-2]　EU加盟国

外務省ホームページ（https://www.mofa.go.jp/mofaj/area/eu/page25_001984.
html、2022年4月18日アクセス）を一部改。

　ヨーロッパ統合の起源は、1952年にフランス、西ドイツ、イタリア、ベネルクス三国によって設立されたECSC（欧州石炭鉄鋼共同体）にある。これは石炭と鉄鋼という基幹産業の管理を国際機関に委ねることで、戦争再発を防ごうとするものであった。この協力関係を基に、ECSC6ヵ国は1958年にEEC（欧州経済共同体）とEURATOM（欧州原子力共同体）を結成した。やがてこれらの共同体を総称してEC（欧州共同体）という呼称が一般化し

た。ECはイギリスなど新たな加盟国を徐々に増やしながら、加盟国間の貿易にかかる関税や国境を越えた経済活動に対する非関税障壁を撤廃して、人・モノ・マネー・サービスの自由な移動を可能にする**経済統合**をめざした。

　東西冷戦の終結は、ヨーロッパ統合の急速な深化と拡大をもたらした。冷戦終結後の1992年に締結された**マーストリヒト条約**は、EECを改称したECと、新設の共通外交・安全保障政策、司法・内務協力（のちに警察・刑事司法協力と改称）という3つの柱を包摂する機関としてEUを設立した。これまでの経済統合に加えて、通貨統合、さらには政治統合に向け歩を進めることにした。通貨統合については、1999年に単一通貨**ユーロ**が導入され、EU加盟国は原則として従来の自国通貨に代わってユーロを用いている[*1]。ユーロ創設の結果、参加国の金融政策は新たに設けられた欧州中央銀行によって一元的に決定されることになった。財政政策は引き続き各国政府に委ねられたが、財政赤字や公債発行残高には上限が設けられた。冷戦期には中立姿勢をとった諸国や社会主義陣営に属した東欧諸国もEUに加盟し（東方拡大）、加盟国は28ヵ国にまで増加した（イギリス離脱後は27ヵ国）。東欧諸国の民主化・市場経済化を後押しする役割をEUは果たした。経済統合や共通外交・安全保障政策をつうじてEUは徐々にグローバルな存在感を高め、アメリカと共に冷戦後のリベラル国際秩序の担い手になった。

● EUの政治制度

政治統合の側面に目を転じよう。EUは、国家とも一般的な国際機関とも異なる非常にユニークな政治制度を有している。

　まず、民主主義国家に通常みられる行政権・立法権・司法権の三権分立に類似した仕組みはEUにもあるが、EUの場合それぞれの権能が加盟国の代表によって構成される機関と、EU独自の機関との間で共有されている点が独特である。各国首脳が出席する**欧州理事会**は、EU全体の進むべき方向性

[*1]　2021年現在、EU加盟国の中でユーロを採用しているのは19ヵ国。

	各国の代表	EU独自の機関
政府（行政）	欧州理事会	欧州委員会
議会（立法）	理事会	欧州議会
裁判所（司法）		司法裁判所

[図10-3] EUの政治制度

について指針を与えることを主たる役割とする。**欧州委員会**は数万人規模の職員を擁し、立法を提案する権限をほぼ独占するとともに、EUの行政を担う。加盟国の閣僚からなる**理事会**とEU市民の直接選挙によって選出される**欧州議会**は、立法権と予算を決定する権限を共有している。理事会の決定は原則として多数決に基づくため、各国の代表が同意しなかった法律も加盟国内部で適用されうる。換言すれば、現在のEUでは国家主権が相当程度制限されている。**司法裁判所**は、全ての加盟国でEU法が同様に適用されるよう担保する役割を担う。

　以上のとおり深化・拡大を続けてきたヨーロッパ統合ではあるが、近年のEUは連続的な危機に直面している。2009年にはギリシアの財政危機を発端として**ユーロ危機**が勃発した。2014年には、ロシアがウクライナ領クリミア半島を軍事占領して一方的に併合し、ウクライナ南東部もロシアの介入で内戦状態に突入した。アメリカとEUはロシアに経済制裁を課し、独仏両国が仲介した2015年の第2次ミンスク合意によって、ウクライナ危機はいったん小康状態となった。2015年にはシリア内戦の長期化で生じた難民がヨーロッパに押し寄せ、難民危機が発生した。ヨーロッパ統合は長らくエリートによって主導されたプロジェクトであった。これに対して最近、経済格差の拡大と移民の流入とを主な理由として、一般市民の間でEUへの不満が高まっている。2006年にはEU統治機構の民主化・効率化を目的とした欧州憲法草案が、フランスとオランダでの国民投票によって否決され、廃案となった。ユーロ危機以降、各国で主流政党が支持を減らす一方、EUに対して懐疑的なポピュリズム政党が勢力を拡大している。イギリスは国民投票の結

果を受け、2020 年に **EU** から**離脱**（ブレグジット）した（◐第 2 章第 3 節）。市民の支持をいかに取り戻すかが、EU が直面する最大の課題だと言える。

コラム

EU とポピュリズム

なぜ EU はポピュリズムの標的になるのか。第 2 章でみたようにポピュリズムとは、「自由主義の要素が弱い民主政治」の一種と位置づけられる。ポピュリズムが台頭する原因については、グローバル化がもたらした経済的な不平等への不満だという見方と、個人の自己決定や多文化主義（社会的リベラリズム）の拡大に対する反発だという見方がある。EU は経済統合や通貨統合を通じてグローバル化を進める一方で、移民や難民を積極的に受け入れるリベラルな存在でもある。加えて、各国の主要政党がこぞって EU を支持し、EU の政策決定にあたって専門家が果たす役割が大きいことから、EU の抱える問題点はなかなか争点化されなかった。このような EU の「非民主主義的自由主義」のために、EU はポピュリズムの標的になりやすいのだ。

（池本大輔）

---

❸ グローバル・イシュー

●グローバル化とは何か

現代は**グローバル化**の時代であるとよく言われるが、グローバル化とは何を意味するのだろうか。グローバル化は、経済・文化・社会・政治といったさまざまな問題領域において、国境を越えたつながりの深まりを意味する言葉として使われている。気候変動（地球温暖化）に代表される環境問題は、その原因においても、いかなる国も単独では解決しえないという点でも、グローバル化を象徴する。世界中の人々がマクドナルドやスターバックスを利用し、ハリウッド映画やアメリカのテレビ番組を観ているのもグローバル化の例と言えよう（文化におけるグローバル化は、アメリカ化と同一視されることも多い）。先進国の市民にとっては、**移民**（より良い生活を求めて国境を越えた人々）や**難民**（内戦や迫害など政治的理由で母国を追われた人々）の流入による自国の多文化社会化が（▶第11章第2節）、グローバル化を実感する場面かもしれない。グローバル化の負の側面として、新型コロナウイルス感染症のような病気の地球大の拡散のリスクや、国際的なテロリスト・ネットワークの存在を挙げる声もある。以下では経済問題に絞って、グローバル化によって国際政治がどのように変化しているのかを説明する。

　国境を越えて動くモノやカネの規模は急速に増加している。1990年には約3兆4,485億8,000万ドルだった世界の商品貿易総額（輸出）は、2008年には約15兆9,886億ドルへと増加した。主要国のGDP（国内経済総生産）に占める商品貿易（輸出）の割合も、1990年にはアメリカが6.8%、日本が9.5%、ドイツが25.9%であったが、2008年にはそれぞれ9.0%、16.0%、39.8%へと上昇している*2。但し、グローバル経済危機後は世界貿易の伸び

---

*2　もっとも、各国の貿易額や貿易依存度の急増を「グローバル化」と形容することに、問題がないわけではない。第1に、第1次世界大戦前の時期と比較して、現在の世界貿易の水準はそれ

[図10-4] マルタ会談（1989年12月）。
米ソ首脳は会談後の記者会見で冷戦終結を宣言した。
©AFP＝時事

は鈍化し、2019年の世界貿易総額は約18兆6,848億ドルだった。

　国境を越えて動くカネの量は、貿易を遥かに超える勢いで増加し続けている。1992年には外国為替市場の取引高は1日あたり平均で8,172億ドルであったが、2010年には3兆9,810億ドル、2019年には6兆5,950億ドルへと増加している。現在の外国為替市場の取引高は、わずか1日で日本の年間GDPを、3日で世界貿易総額を上回る計算になる。つまり国際資本移動の大半は、貿易や直接投資のような実需に基づく取引ではない。「グローバル化とはマネーゲームに他ならない」という見解が出てくるのも、さほど不思議ではない。

　グローバル化が進んだ原因は何だろうか。まず以て重要な要因は**冷戦の終結**である。ソ連や東欧諸国が計画経済から市場経済に移行し、中国も1980年代以降改革開放路線を採用した。冷戦中、東西陣営どちらにも属さなかったインドも1990年代以降自国経済を外国に開放した。そのため、第2次世界大戦後にアメリカを中心とする西側諸国によって構築された資本主義的な

ほど高いものではない。第2に、ヨーロッパ・アジア・北米といった世界の地域（リージョン）の内部で行われている貿易の伸びは、地域と地域の間（例えば、ヨーロッパとアジアの間）でなされる貿易のそれを上回っている。したがって、最近の世界貿易の増加は、グローバル化というよりリージョナル化と呼ぶ方が適当かもしれない。

［図10-5］「ベルリンの壁」崩壊（1989年11月）。
第2次世界大戦後、ドイツは東西に分断され東西ベルリンの間に壁が建設された。
「壁」の崩壊は冷戦終結の象徴となった。
写真:Reuters/AFLO

国際経済システムは、今や世界の主要国ほぼすべてをカバーすることになった。それと同時に、社会主義体制の崩壊は、西側諸国内部でも国家による経済介入に対して批判的な立場を強めることになった。アメリカやイギリスではすでに1980年代から**新自由主義（ネオ・リベラリズム）**と言われる国家の経済介入に批判的な立場が有力になり、規制緩和や民営化を実行しつつあったが、このような動きは1990年代以降、従来国家の役割を相対的に重視していた大陸ヨーロッパ諸国や日本にも波及した（◆第3章第3節）。

　グローバル化は、航空機などの交通手段やインターネットなど通信手段の発達（技術・情報革命）の帰結でもある。ヒト、モノ、カネ、そして情報がたやすく国境線を越えられるようになり、いまや国家による規制を受けないグローバル資本主義が誕生したと主張する向きもある*3。

　これに対して、冷戦後のグローバル化はアメリカや同国が強い影響力をもつ国際機関が主導したものである、という議論もある。とすれば、アメリカ政治の動向によってグローバル化は逆転しうる。それとは反対に、政府間の

*3　この立場の中には、経済成長をもたらすとしてグローバル化を肯定的に捉える者と、先進国と途上国の間や国家の内部で格差の拡大をもたらしたとして批判的に捉える者とがいるが、グローバル化は変えようのない事実だという点では共通している。

交渉過程や国際機関をもっと民主化して、一般の人々や途上国の声を反映する形でグローバル化を進めるという道筋も存在する。2015年の国連サミットでは**SDGs（持続可能な開発目標）**が採択され、先進国と途上国の別なく、民間部門も巻き込んで、貧困の撲滅やジェンダーの平等といった目標を総合的に実現することが謳われた。こうした議論の潮流を踏まえながら、以下で戦後の国際貿易体制・国際通貨制度の発展を概観しよう。

●国際貿易体制

1929年に始まった世界恐慌では、各国が国内産業を保護しようと保護貿易政策を強めたために、世界経済がブロック化され、それが第2次世界大戦を引き起こす一因となった。こうした轍を踏まないように、第2次世界大戦後に世界的な貿易の自由化を実現するための**ガット**（GATT、関税と貿易に関する一般協定）が締結された。ガットは関税引き下げをめざすと共に、関税率を相手国に応じて差別したり、国内製品を優遇したりすることを禁じ、また二国間交渉ではなく多角的交渉を原則とした。

　ガットのおかげで戦後の国際貿易は飛躍的に増加した。しかし1970年代以降になると、アメリカの巨額貿易赤字を背景として、日米間、欧米間での貿易摩擦が頻発、激化するようになった。このような事態に効果的に対応できるように、1995年にWTO（世界貿易機関）が設立された。WTOの枠組みでは、加盟国間に貿易摩擦が発生した場合、紛争当事国の一方が望めば紛争解決手続きを開始できるようになり、敗訴国がWTOの裁定に従わなかった場合には、勝訴国が対抗措置を取ることを認めた。

　ただ、WTOにおける貿易自由化交渉は、先進国と途上国の対立が続くなど、捗々しい成果をあげられていない。そのため、冷戦後の世界では、地域単位で**自由貿易協定**（FTA、日本では経済連携協定とも呼ばれる）を締結する傾向が強まった。代表的なものとしてはアメリカ、カナダ、メキシコの3ヵ国が設立したNAFTA（北米自由貿易協定。2020年にUSMCAに衣替えした）や、メルコスール（南米南部共同市場）、AFTA（東南アジア諸国

連合＝ASEAN 自由貿易地域）などがある。日本は当初 FTA 交渉で出遅れ
たが、最近では TPP11（環太平洋パートナーシップに関する包括的及び先
進的な協定）や RCEP（地域的な経済連携枠組み）等のメガ FTA を立て続
けに締結するなど、その通商政策には大きな変化がみられる。その原因とし
ては、農産物の貿易自由化に反対してきた農業団体の政治力が低下する一方、
中央省庁再編等一連の政治改革によって、首相のリーダーシップ強化や縦割
り行政の克服がある程度実現したこと（◆第 7 章）、等の要因が挙げられる。

●国際通貨制度

ガットと並んで戦後の国際経済体制の柱石をなしたのが、1945 年に設立さ
れた**固定相場制**に基づく**国際通貨制度**、いわゆる**ブレトンウッズ体制**である。
当時は世界の金の大半をアメリカが保有していたことを背景に、ブレトンウ
ッズ体制では米ドルだけが固定価格で金と交換できることにした。そして各
国は自国の通貨をドルに対して平価（日本の場合は 1 ドル＝360 円）の上下
1% 以内に維持する義務を負った。金の価値に裏付けられたドルを基軸通貨
として、各国の為替レートを固定したのである。各国が固定相場を維持する
のを支援するため IMF（国際通貨基金）が設立された。

　政治経済学者のロドリックは、経済のグローバル化・国家主権・民主主義
の 3 つのうち、2 つまでしか同時に実現できないと指摘する（**国際経済のト
リレンマ**）。「国家主権と民主主義」の組み合わせは、グローバルな経済統合
を限定することで、各国がその国の実情にあった経済発展を追求することを
可能にする。ブレトンウッズ体制はその一例であり、貿易を徐々に自由化す
る一方、各国に国際資本移動の制限を認めた。その結果、西欧諸国は福祉国
家建設に成功し、日本は工業化と先進国への仲間入りを果たした（◆第 3
章）。

　ブレトンウッズ体制はガットと並んで戦後の国際経済の発展に大きく貢献
したが、1973 年に終わりを告げた。アメリカは、西欧諸国と日本の経済成
長に伴う貿易収支の悪化と、ベトナム戦争の戦費や社会保障支出増加に伴う

財政赤字拡大によって、「双子の赤字」に苦しむようになった。多額のドル
が海外に流出し、アメリカの金保有量は急激に減少、1971 年にニクソン大
統領はドル・金兌換の停止に追い込まれた。加えて、1970 年代になると国
際資本移動が徐々に自由化され、外国為替市場の取引高が増加した結果、固
定相場制を維持するためのコストは増加していた。ブレトンウッズ体制は
1973 年に最終的に崩壊し、為替レートが時々刻々変化する**変動相場制**に移
行した。

　先述したように、1980 年代以降の世界では、米英両国が主導する形で新
自由主義的な経済政策への転換が進み、国際資本移動や金融の自由化によっ
てグローバル化が促された。このことによって、ロドリックが言うところの
「グローバル化と国家主権」の組み合わせ——国境を越えた経済活動の障壁
が可能な限り除去される一方、国内の規制や税制は国際的な経済統合の妨げ
にならないものに限定される状態——が現実のものとなった。各国の民主的
な政策選択の範囲は制約され、福祉国家縮小への圧力となった。

　変動相場制の下では、貿易黒字国の輸出競争力は自国通貨高の進行によっ
て削がれ、その結果赤字国との経済不均衡は縮小すると期待されていた。だ
が実際には、為替相場の変動を通じた不均衡解消メカニズムは円滑に作動し
なかった。貿易不均衡に代表される世界経済の問題を話し合うため、1975
年から**先進国首脳会合**（サミット）が開催されるようになった[4]。世界的な
貿易不均衡を是正すべく各国が協調して為替相場をドル安に誘導した**プラザ
合意**（1985 年）のような試みもあったが、趨勢としては、グローバル経済
危機に至るまで、マクロ不均衡が世界経済にもたらすリスクは軽視されてき
た。

---

[4]　75 年の首脳会合参加国は 6 ヵ国（日本・アメリカ・イギリス・フランス・ドイツ・イタリア）
　　であったが、翌年にカナダが加わって G7 となり、77 年以降は EC の代表も参加するようになっ
　　た。98 年にはロシアが加わりいったんは G8 と呼ばれるようになったが、同国によるクリミア併
　　合のあと 2014 年にその参加資格は停止された。

●アメリカの覇権の揺らぎとグローバル化の行方

2008 年にアメリカの四大投資銀行の 1 つであったリーマン・ブラザーズが多額の負債を抱えて倒産し、連鎖的に世界的な金融危機を招いた。リーマン・ショックの直接の原因は、アメリカの住宅バブルの崩壊であったが、世界経済の不均衡が問題を世界的なものとした。一方でアメリカは経常収支の赤字を外国からの資本流入によってまかなう必要がある。他方、内需主導の経済成長を達成できない日本や中国のような黒字国は、アメリカが自国製品を輸入することが可能なように米国国債を購入するなど、同国の赤字を埋め合わせるための資金提供をし続けた。こうした状況下では、一国内の経済問題がこれまで以上にたやすく世界各国に飛び火するのである。最近では、従来の先進国首脳会合と並んで、主要な途上国も参加する G20 が世界経済についての話し合いの主な舞台となっている。

アメリカの衰退と中国の台頭は両国関係を悪化させ、世界は米中新冷戦の時代に入ったともいわれる。中国やロシアの挑戦によりリベラル国際秩序は後退し、再び大国間の軍事的衝突の可能性が排除できなくなった（地政学的争いの復活）。2022 年にはロシアがウクライナ全土への侵略を開始した。ロシアを非難する国連安保理決議案は同国の拒否権行使により否決されたが、国連総会の特別緊急会合では 141 ヵ国がロシアの侵略を強く非難する決議に賛成した（反対はロシアなど 5 ヵ国）。欧米や日本など先進国と一部の途上国は、ロシアに対して大規模な経済制裁を課した。

冷戦終結と前後して民主主義国家の数は急増し、世界の中で過半数を占めるに至ったが、最近では民主主義の後退傾向が顕著になり、2019 年には再び独裁国家の数が民主主義国家を上回った。ヨーロッパだけでなく、アメリカでも移民の増加や経済格差の拡大を背景にグローバル化に対する政治的不満が強まり、ポピュリスト的なトランプ政権（2017～2021 年）が成立した。WTO や（東アジアなど一部の地域は除き）地域的 FTA のような多国間貿易協定に対する批判が強まり、世界貿易は伸び悩みの傾向をみせている。他

方で、冷戦期の東西関係と比べれば、米中間の経済的つながりは緊密であり、米中経済の分断（デカップリング）がどの程度進むかは定かでない。ウクライナをめぐる戦争の中長期的影響も不透明である。グローバル化をはじめとする冷戦後の国際秩序の趨勢がどこまで逆転するのか、今後の展開を見守る必要があるだろう。

民主政治の現在

20世紀後半の民主政治においては、市民の政治参加を政治エリートの選出に限定し、間接的なものにとどめようとするシュンペーターのモデルが優勢であった。そこでは、エリートや政党間の競争や対立は多元的な利益や意見の表出の経路として肯定的に捉えられる。また、利益集団の活発な活動も、多元的な利益の表出を可能にするものとして、積極的に評価された（利益集団多元主義）。しかし、1960年代以降、こうした民主政治のモデルに異議を申し立てる動きも登場した。既存の民主政治においては、市民は公的決定から排除されてしまうのではないか、多元的な利益表出と言われるものも、実際には人々の間の差異を無視するきわめて限定的なものにすぎないのではないか、といった疑念がつきつけられたのである。そこから、参加民主主義や熟議（討議）民主主義と呼ばれる民主政治論が登場することになる。

Black Lives Matter 運動
写真：REX／アフロ

1 政治参加の理論

●政治参加の理論

1960年代には、世界的に、**政治参加**を要求する市民の声が高まり、さまざまな異議申し立ての運動が広汎に起こった。政治学においても、これらの運動から得られた知見をもとに理論を組み立て、それをまた実践に生かしていこうとする動きがみられた。

　シュンペーターによるエリート主義的な民主政治モデル（◆第2章第3節）を批判し、**参加民主主義**を本格的に理論化したのがC.ペイトマンである。ペイトマンによれば、この種の民主政治は、市民の大量動員によって支えられたナチズムのような全体主義を防止し、政治社会の安定性を確保するためという根拠で、市民の政治参加を政治家の選出という局面に限定した。しかし今や多様な市民の広範な声や要求を吸収できず、機能不全に陥っている。なぜなら、ナチズムの時代とは異なり、経済的に豊かな社会となり、市民の知識水準も向上した現在、もはや市民はかつてのような、政府による操作やエリートの支配を一方的に受けるだけの存在ではなくなったからである。民主政治を立て直すには、公的決定過程から排除されてきた市民が、日常的に小規模なコミュニティ（地域や職場など）に直接参加し、声を上げ、自らの要求を実現させていくことが必要である。参加によってこそ市民は社会への帰属感を高めることができ、シュンペーターの想定とは反対に、むしろ政治社会は安定化に向かう。もちろん市民間で、ある程度の経済的豊かさと平等が分かち持たれていることがその前提である。平等で独立した個人は他者に過度に依存することなく、強力な個人による支配も免れるからである。

　ペイトマンによれば、市民参加の重要な意義は、その過程で個々の人間に及ぼす心的作用や教育的機能にもある。他の人々とコミュニケーションをとり、議論をして公的決定過程に関与する中で、市民は自分の利害だけではな

く、広くさまざまな他者の利害をも考慮に入れることを学ぶ。同時に自分の利害と他人の利害とが重なりあう部分があることも知る。参加の過程ではじめて、市民は自分だけの狭い利害関心を相対化し、その視野を広げ、それによって人間性や知的能力を成長させることができるのである。また、エリートに任せきりにしていた公的決定にかかわることで、それまで政治に対し疎外感をもっていた市民も、政治や社会を動かすことができるという**政治的有効性感覚**をもち、さらなる参加に向けて行動するであろう。ペイトマンのみるところ、市民の政治参加は、個人が互いに疎遠であり、もっぱら自らの私的・経済的利益や権利を守ることにのみ熱心であるといった、従来のリベラル社会の価値観や文化全体を大きく変容させる可能性をもつのである。

　同じく市民の政治参加を強調する B. バーバーは、1980 年代以降の新自由主義（ネオ・リベラリズム）（◆第 3 章第 3 節）やグローバル化（◆第 10 章第 3 節）の席巻による市場社会化の波の中で、個人と個人的利益を中心とする自由民主主義は「薄い民主政治（シン・デモクラシー）」になってしまっていると批判する。その価値観は利己的・打算的で、お互いに排他的な諸個人は他人との競争にいかに打ち勝つかを主な関心事としているため、人々の間の信頼感は薄らぎ、社会は不安定となる。その結果、社会や政治に積極的に貢献しようという「**市民の徳**」、**シチズンシップ**[*1]、また**公共の利益**といった考え方は存立の余地がなくなってしまう。だが、バーバーのみるところ、これらは、社会を支える重要な条件なのである。こういった状況を打破するためにバーバーが掲げたのが、「**強い民主政治（ストロング・デモクラシー）**」という民主政治のモデルである。そこでは、公的な問題を解決するため市民が参加できる諸々の制度や機会が設けられ、市民には相互の競争や対立を協力に代え、他者の視点を考慮に入れて行動することが期待される。時には自分の従来の意見を変える判断を下すこともあろう。その過程で**判断力**などの実践的知性が磨かれるとともに、議論に参加し他者と交流することそれ自体

[*1]　通常「市民権」だが、近年では「市民性」とも訳される語で、市民としての地位に伴う権利だけでなく、市民として必要な知識や教養を備え、その役割を果たしていることを意味する。

が楽しいと感じられ、市民相互の友情が育まれ、市民に共有される利益（公共善）への関心がわきあがる。

　もちろん、指導力に違いがあるためリーダーは必要であるが、強力すぎるリーダーシップはかえって人々に無力感を植え付けてしまう。あくまでも市民それぞれが公的な問題を判断しそれに対処する能力と責任をもつことが重要である。たとえ市民が高度な科学的知識や哲学的真理に習熟していなくとも、大部分の公的・社会的問題は、市民が分かち持っている常識に基づき具体策を出していくことで解決できる。そもそも、民主政治とは人民の自己統治を意味し、人民による自己立法が不可欠である。立法や公的決定は選ばれたエリートが独占的に従事するのではなく、市民がそれを正しいとみなし、また受け入れやすくするためにも、それを作る過程での市民の参加が必要である、というのである。

●日本の市民運動論

日本においても1960年代に参加の機運が盛り上がった。**労働組合**などの組織が主導するもの、あるいは地域ぐるみ的な運動から始まり、市民個人が自発的に参加するものを含めて多様な**市民運動**が各地で発生した。

　まず60年代初頭を飾ったのは、日米安保闘争であった。国会議事堂を連日何万人もの市民が取り巻き、岸信介内閣の安保改定の強行採決に憤り、大規模な**議会外行動**（デモンストレーション）を行った（図11-1）。これを機に自民党内閣は従来の政策を転換し、池田勇人内閣は10年間で国民所得を倍増させるという「国民所得倍増計画」を導入する。安全保障政策重視から、経済成長をめざす政策への転換は、家庭の幸福を願う市民だけでなく、社会主義に立つ左翼政党をも取り込み、その後の選挙では保守党が大勝した。経済発展を最優先にすべきであるという考えは、当時、資本主義陣営か社会主義陣営かを問わず広く共有されていたのである。

　60年の安保闘争以前にも、人類で初めて原爆を投下されるなど第2次世界大戦において内外に多くの犠牲者を出した日本において、**反戦・平和**は市

[図11-1] 国会を取り巻くデモ隊と警察官（1960年5月）
© 毎日新聞社

民の重要な関心事であり、広範な参加者からなる運動を生み出していた。な
かでも、原爆と水爆の廃絶をめざす原水爆禁止運動は、1954年に起きた第
五福竜丸事件を契機に全国的に発展した。東京都杉並区の主婦たちが始めた
署名運動が拡大の1つのきっかけとなったように、党派対立を越えた草の根
に発する運動であった。55年には広島で第1回原水爆禁止世界大会が開か
れ、以後、主催組織の分裂を経たものの毎年開催され、世界的な原水爆禁止
運動の拠点となった。

　60年代の急速な工業化や高度経済成長に伴い、国土の乱開発による生活
環境の破壊や大気・河川汚染をはじめさまざまな**公害**が発生した。これに対
し、各地域の住民が連帯して立ち上がる公害反対運動が高まった。公害が深
刻な社会問題、政治課題となったため、政府や自治体も対策をたてる必要に
迫られた。また訴訟や市民の不買運動を恐れ、利益優先の企業といえども、
住民の生活環境や健康に配慮する姿勢を示さざるをえなくなった。大量消費
時代の到来の中、化学薬品や食品添加物などによる健康被害やR.カーソン
が提起した環境汚染問題も浮上したため、主婦や市民による、安全な食品等

を求める**消費者運動**や**環境保護運動**も起こった。それとともに、60年代末には、科学技術の進歩への楽観的な信頼や経済発展を最優先する考え方に対する批判の機運も高まった。鉄道、道路、空港、火力・原子力発電所など、環境破壊に結びつく公共事業に対する住民の反対運動も活発化する。

　こうした運動は、国レベルの政党や労働組合などの既成組織の主導ではなく、地域住民や市民の自発的な行動によって形成されたという点に特徴がある。いわば、エリート主導の代表制民主政治に対する異議申し立ての運動とも言え、日常的な市民生活とかかわる問題として、これらの運動が展開され、さまざまなネットワークが築かれた*2。

　70年代においては表面的には市民運動や住民運動は鎮静化したが、国レベルで法が整備され、各地に成立した革新自治体は積極的に住民運動を取り込み、公害問題や福祉問題の解決がはかられた。また急激な経済成長は頭打ちになったが、「豊かな時代」の到来に伴って、単に経済的・物質的利益を追い求めるのではなく、生活環境の改善や自己実現などに価値を見出す**脱物質革命**と言われるような、「静かな革命」（イングルハート）が進行していた。

　こうした変化を念頭におきつつ、政治学者の篠原一は、日本における市民運動を継続性をもつ運動として結実させるための条件を模索した。篠原によれば、住民運動はゴミ処理場建設反対運動のように、身近な欲求から発することが多いが、それが単なる「住民エゴ」にとどまらず、国や自治体の廃棄政策の転換を迫り、住民が主導する新しい処理方法を提言するまでに至るなら、そこには十分、公的な契機が含まれている。身近な地域の問題への参加を通して、市民が市民意識を高めると同時に、政策決定に実際に影響力を行使できるよう、市民運動を制度化することが重要なのである（篠原1977）。また、政策に直結する市民の活動だけではなく、公的決定に必ずしも結びつかない自由な討議空間を確保することも大事であり、それが市民社会の強さを作り出す（後述の熟議民主主義を参照）。篠原によれば、現代のように社

---

*2　例えば60年安保闘争後、組合等の組織に属さない人々による抗議運動「声なき声の会」が発展し、65年「べ平連（ベトナムに平和を！　市民連合）」が結成された（高畠2009）。

会が断片化し、個人が孤立を深めると、その不安を利用し、刺激的な言葉でナショナリズムや排外主義をあおりたて、有権者の支持を獲得しようとするポピュリズムのような現象も起きる。こうした事態に対抗するには、参加と討議を組み合わせることで、民主政治を深化させることが不可欠だ、というのである（篠原 2004）。

 # アイデンティティと承認をめぐる政治

●「包摂」か、「差異の承認」か？

このように経済的・物質的利益を優先しがちな既存の自由民主主義社会に対して、豊かな文化や精神的充足を求め、他者とのつながりを軸に政治や社会を再考していくあらたな市民像が登場した。この見直しの機運は、さらに、国民国家が国民を国家に統合すること（**包摂**）に対する異議の表明や、これまで自由民主主義が標榜してきた文化的中立性に対する疑義という形で展開していく。

　民主的な体制において、市民は、選挙などを通した参加を媒介に国家に包摂されるが、その場合、参加や包摂は、「われわれ」意識の共有や共同性への参与という点では民主政治に寄与するものである。しかし、国民国家への統合は、既存の社会の価値観や文化をそのまま肯定するだけに終わったり、異議や反対を唱える少数の個人や集団を**排除**したり**抑圧**する可能性をもつ。参加は権力側の操作により「動員」となり、包摂も、権力による「取り込み」になってしまう危険がある（◆第2章第1節）。したがって民主政治においては、市民が「われわれ」意識を共有しつつも、同時にいかにして個人や集団の**異議申し立て**の自由を確保していくかというジレンマが生じる。

　しかも、自由民主主義は、これまで、さまざまな文化を超越したいわば中立的立場にあるとされてきたが、60年代以降、そこでいわれる中立性は見

かけ上のもので、実際には、その政治文化においては、経済的利益を中心と
した価値観が有力であり、こうした価値観をもつ多数派による同質化圧力が
大きいと指摘されるようになってきた。主流派の文化を共有しない別の価値
観をもつ少数者は承認を得られず、あるいは差別され、あるいは同化を強要
されることさえあるというのである。

　そこから、単なる経済的・物質的利益に還元されない固有の価値観や、固
有の文化・伝統に誇りをもつ少数派の間で、異議申し立ての声が高まってき
た。少数派は、多数派とは異なる、自分たちに独自な文化の承認を求め、そ
の権利が確保されるよう訴える。C.テイラーによれば、こうした訴えは、
アイデンティティ（自己同一性）の承認を求める訴えとみなすことができる。
ここでいうアイデンティティとは「ある人々が誰であるかについての理解」
であり、それは部分的には、無視されたり、歪んだ見方をされたりすること
を含めて、他人が自分をどう見るか、ということによって形成されるもので
ある。自己が自己である立脚点としてのアイデンティティを少数派の中で形
成した人々は、国民国家における多数派とは相容れない自己認識を形成する
にいたり、しばしば自分たちが適切に承認されていないと感じる。そこで少
数派は、集団として、そのアイデンティティや多数派との差異を政治の場で
認めさせようとする。こうした動きのことを、「**承認の政治**」「**アイデンティ
ティの政治**」と呼ぶ。

●フェミニズムの挑戦

人数という点からみれば少数派とはいえないが、男性により抑圧されてきた
集団としての女性という視点を軸に、その地位を向上させようとするのが**フ
ェミニズム**である。「人権」概念がことのほか重視されていたかに見える近
代フランスにおいても、女性の選挙権獲得には総力戦での動員を要した。フ
ェミニズムにはいくつかの段階があり、まず第一派（リベラル）フェミニズ
ムと呼ばれる運動は、選挙をはじめとして、成人女性が成人男性と同等の法
的地位をもつことを最大の関心事とした。この運動は、成人男性が構成して

きた、公的世界（政治や経済）と私的世界（家庭）との線引きを疑問視せずそのまま受け入れ、ただ成人女性が公的な世界での平等、しかも法的・形式的平等を獲得することを求めるにとどまったという点で既存の自由民主主義の価値観を基本的に受容するものであった。その意味で、ここでの参加は国民国家への包摂、あえて述べるなら「取り込まれ」に傾斜していた。

　これに対し、女性に固有の価値観やアイデンティティの承認を主張し、既存文化への異議を唱えたのが第二派フェミニズムであった。この派は、まず自由民主主義に潜む「男性による女性支配・抑圧の構造」を批判し、公的な世界での差別や抑圧などの根源が家庭などの私的な世界における男女関係にあると指摘した。「**個人的なことは政治的なことである**」（K. ミレット）として、この派は私的な領域での家事・育児などの不平等な負担や男女間の支配服従関係を、公的な事柄として扱うことを主張した。この派は、公と私との区別を批判することにより、それまでの学問や制度が前提としてきた従来の二元的社会観を問い直したのである。

　例えば、C. ギリガンは、女性に特有にそなわっているという「**ケア（配慮）の倫理**」を掲げる。これは人と人のつながりを大切にし、他者の苦しみや悩みに感受性や共感をもって応えていく倫理とされる。人間が具体的な相互依存、配慮関係の中で生きている点を重視する「ケアの倫理」は、一見普遍主義的で中立的だが実際には成人男性を中心とする価値観が優勢な自由民主主義の倫理観、すなわち個人は理性的で自律した平等な存在だという倫理観を根底から問い直す。現在自律しているかのようにみえる成人男性であっても、幼年時にそうであったように、老いたり、病気になったりすれば誰かに依存しなければならないのである。

　このように、女性のみに固有とされる倫理を打ち出すことは、男性優位の社会や文化を根本から問い直す劇的な効果があった。だがこれに対して、女性一人ひとりの異なった個性を集団的特性の中に押し込めてしまうのではないかという批判が生じた。たしかに、社会的に抑圧され差別されてきた集団にとっては、自らのアイデンティティを打ち出すことは、他の集団や国家に

対して、異議を唱え承認を求める拠点となる。しかし、その同じ拠点が、個人にとってはその集団に対する忠誠や同化を強要するものともなり得る。

　さらに、このケアの倫理なるものは、社会が決めた人為的な差異（**ジェンダー（社会的性別）**）に基づくものなのか、あるいは生物学的な差異なのかという問いをも引き起こした。ジェンダーは第二派フェミニズムの提起した重要な概念であり、女性や男性に対し社会的に求められる（「女らしい」とか「男らしい」などの）性質は必ずしも生物学的・本質的なものではなく、社会や文化によって「作られた」恣意的なものにすぎないという見方から生まれた。この観点からすると、集団的アイデンティティの特異性を強調する運動や理論は、集団的アイデンティティ（ここでは「女性らしさ」）を集団（「女性」）にそなわった本質的なものとして固定して捉えてしまうという点で欠陥を抱えている。そこで、集団的な差異の主張を認めつつも、しかしこれを特定の集団に固定するのではなく、柔軟に対処しようとする方向性も模索された。例えば「ケアの倫理」のような他者への配慮を優先する性格を、女性という集団に本質的にそなわるものではなく、男女にかかわらない個々の人間の間の差異として捉えようとする観点である。現に、ケアの価値を大切にする倫理は、女性のみならず、広く男性や社会全体にとっても重要なものであると、次第に認識されるようになった。他方、以上のような経緯を経て、なおかつ女性という集団における**ジェンダー格差**の是正策として、政治的意思決定の場への女性の参加を促進するための**クオータ制**（議席や候補者の一定割合を女性に優先的に割り当てる制度）が世界各国で法制化されてきた。日本においても 2018 年に「候補者男女均等法」が公布、施行された。罰則規定がないため実効性に欠けるとの批判もあるが、今後の実際の運用が注目されよう。

●多文化主義

ある民族的な特徴、あるいは共通の言語や宗教をもつ少数派集団は、同質的・普遍主義的な文化を前提とした国民国家による包摂に甘んじてきたとし

て、異議を申し立て、自らのアイデンティティの承認を求め、権利や文化保護を主張するようになった。これらの主張を受けて、複数の文化が社会において対等な立場で共存することを求める思想や政策が生まれた。これを**多文化主義**と呼ぶ。多文化主義は、少数派が多数派の文化に同化し、それに融合されることをめざす**同化主義**（同化政策）に対する批判という側面ももつ。例えば、フランスは、イスラーム教徒（ムスリム）の女性が公立学校など公の場で宗教的表徴であるスカーフやヴェールを誇示的に着用することに対し、共和国の**ライシテ（非宗教性・政教分離）原則**に抵触するなどとして、これを禁じる政策をとってきた（スカーフ問題）（図11-2）。多文化主義の立場からは同化政策の一種ともみなされ、しばしば問題視されてきた。

　多文化主義の実践という点で代表的な国はカナダである。カナダは国内に多数の少数派集団を抱えているが、多数派の英語系社会に対して、少数派のフランス語系のケベック州や先住民の要求により、1971年に政府が多文化主義を公式の政策として採用し、これらの少数派集団が独自の文化・言語、教育等の政策をもつことを認めた。

　このように、多文化主義を含め、多数派と異なる少数派による差異の承認を求める主張や運動は、単に差別の是正だけではなく、経済的・物質的利益に還元されない、市場に任せていれば衰退してしまうような少数派のもつ言語や文化、伝統の価値を認めることを要求する。こうした少数派集団にとっては、その言語や文化の保持は、人間にとって重要な、精神的な尊厳や生きがいと結びついており、金銭によって交換できるものではない。経済的利益の市場取引をモデルとした自由民主主義の「取引の政治」から、「承認の政治」への転換が主張されるゆえんである。

　日本も、先住アイヌ民族や在日韓国・朝鮮人といった人々の権利を保障し、その固有の文化を保護するという課題をもつ。さらに、近年では、経済のグローバル化に伴って外国人労働者が増加し、彼らに対する多文化主義的政策も必要とされる。外国人労働者とその家族は、言語・文化・宗教などを従来の日本人とは必ずしも共有しない。そこで、国による国籍（旧来の意味での

[図11-2]　スカーフ（ヒジャーブ）を着用する女性（フランス）
提供：ユニフォトプレス

市民権）付与とは異なったレベルでの、例えば地域や地方自治体による新し
いタイプの市民権の付与を構想し、それに基づいた社会の仕組み（例えば、
定住外国人への地方参政権付与）を検討すべきだという主張もなされている。

　少数派集団がその差異を保ちながら、単なる「取り込まれ」に終わらない
参与をしていくことには意義がある。市民社会（◆第3節）が新しい価値観
を発見し、法や政策がよりよいものに鍛えられていく可能性が生じるからで
ある。しかし、多文化主義に問題がないわけではない。先述のテイラーによ
れば、個人や小集団が各々の主張するアイデンティティと差異を永久不変な
ものとして固執し、殻に閉じこもってしまうと、市民社会が断片化し、その
自己統治能力が失われていくという危険もある。上述のフランスのスカーフ
問題を例にあげれば、スカーフ着用のような宗教的・文化的規範の強制は、
ムスリム女性の自由な選択を奪い、女性差別を固定化しているのではないか、
という見方もされている。集団的アイデンティティを固定的なものとせず、
集団内の個人への抑圧を防ぐためにも、集団の外の市民との対話や相互交流
は欠かせない。また、ある人がある少数派集団に属していても、同時に地域
や国家にも属し、性別をもち、多様な職業や趣味をもつことが通例であり、

個人のアイデンティティとは、実際には複数の要素から構成されるものである。アイデンティティが決して一枚岩ではないことを認めることも必要であろう。

　フェミニズムにせよ、多文化主義にせよ、こうした異議申し立ての運動は、今日では、インターネットやソーシャルメディアを積極的に利用することによって（◆第8章第3節）、さらに活発化し、グローバルな広がりをみせるようになった。

コラム

民主政治の単位

民主政治では、決定にかかわる集団全員の意見を反映する形で物事が決められなければならない。それでは、その集団の範囲、すなわち民主政治の単位をどう決めればいいのだろうか。どの範囲の人びとまで意見を聞けばいいのか。実は、これを民主的に決定することはできない。なぜなら、単位が決まるまでは参加すべき構成員は定義されず、民主政治は始められないからである。したがって、民主政治は、実際には、さまざまな歴史的な経緯の中で事実上形成された単位を前提として始まる。このことは、民主政治の正統性を否定するものではないが、民主政治の単位については常に論議の余地があることを示している。

　民主政治の単位をめぐっては、もう1つの大きな問題がある。それは、幾重にも重なり合う民主政治にかんして、各単位における決定のいずれを優先すべきか自明でないという問題である。例えば、ある迷惑施設の立地について、当該地域の住民投票と国民投票とで、異なる結論になったとしよう。各決定はいずれも民主的な正統性をもっており、民主政治という意味ではいずれも尊重されるべきである。これまでの政治では、こうした場合、主権という概念を導入し、主権的な国民単位の決定が最終的には優先されるという扱いがなされてきた。しかしながら、地域の問題についてはそれぞれの地域の意見を優先すべきだという考え方も広まってきた。また、逆に国家よりも広

い超国家的な単位の決定を尊重しないと、国境を越えて広がる経済や環境の
リスクに対応できないということも明らかになっている。

　このように主権を相対化する方向で、さまざまな民主政治の単位の間で調
整する必要が生じている。さまざまなレベルの間で、どのように政治的決定
を分担し合うか（これを「補完性 subsidiarity」をめぐる調整と呼ぶ）は、欧
州連合の成立以来、ヨーロッパで模索されている課題でもある。

（杉田敦）

討議による民主政治の重層化

●ハーバーマスと市民的公共性

しかしながら、さまざまな異議申し立てによって、社会がよりよい方向に導
かれ得ると単純に考えるとしたら、それはやや一面的である。こうした異議
申し立てによって、社会が分断される可能性も考慮しなければならない。**熟
議（討議）民主主義**は、異議申し立てや多様な意見が表出されることの利点

[図11-3] J. ハーバーマス
©dpa／時事通信フォト

[図11-4] H. アレント
©dpa／時事通信フォト

を生かしながら、同時に政治社会としての統合という問題を考えようという試みの1つである。熟議民主主義とは、政治エリートではなく市民が主体となって多様な意見を理性的にじっくりと時間をかけて勘案・議論し、ある公的決定に対する合意を形成し、それを法や政策として実現させるという民主政治の理論である。その代表的論者の一人として、ドイツの思想家 J. ハーバーマス（図 11-3）を挙げることができる。

　ハーバーマスは、国家とも経済的市場とも区別される「公共圏」の1つとして**「市民的公共性」**を挙げ、それが成立する場を**市民社会**とした。ハーバーマスによれば、18 世紀の西欧では、新聞や雑誌（文芸誌）というメディアやコーヒーハウスのような場を拠点として、君主や貴族たちが威光を示すことで成立する従来の公共性とは異なる新しい公共性、すなわち市民的公共性が成立した。「読書し、議論する公衆」は、ひろく理性的な議論を通じて公共的な意見（世論）を形成し、それを市民社会の意見として国家に伝えた。市民社会において、自由で平等な私人同士の「強制なきコミュニケーション」によって市民的公共性、公共圏が成立したというのである。

　この公共圏はすべての市民に開かれ、必ずしも公職についていない、その意味で私的な人々が、公共的な問題について議論し対話する中で生み出される。たとえその意見が個人的利益に立脚しているとしても、公共の利益と重なる部分もありうる。したがって、私的領域と公共的領域とはきっぱり分けられるものではなく、公共的領域が私的領域より価値が高いということにはならない。むしろ、公共性は私人の集まりである市民社会の中にこそその基礎をもつ。こうして、ハーバーマスは公職に就いた人々だけが公共性を実現するというそれまでの考え方を大きく転回したのである。

　こうしたハーバーマスの公共圏の理論は、同じく市民の公共的活動の重要性を強調した H. アレント（図 11-4）と比較することで、より明確になるであろう。ドイツ出身でアメリカに亡命しそこで活躍したアレントは、多様な市民が政治社会における共通の事柄について論じる場を**公共的（公的）領域**と呼んだ。アレントもまた、公共的領域における討議を政治の中心に据えた

が、公共的領域そのものは、家庭などの私的領域や、経済活動を主たる目的とし、人間の生命維持の必要に基づく「社会的領域」とは厳しく区別されるべきものであった。近代の市民的公共性の価値を強調したハーバーマスとは異なり、アレントがモデルとしたのは古代ギリシアにおける政治であった。アレントによれば、近代以降、飛躍的に増大するに至った社会的領域は、公共的領域を浸食し、古代ギリシアのポリスで行われたような、対等な市民同士が、言葉の力で仲間を説得し、共同事業を営む（アレントはこれを「活動」と呼んだ）可能性がますます狭められてしまったというのである。

●二回路制による民主政治

それに対し、公共的領域と私的・社会的領域とを対立的に捉える見方をとらないハーバーマスは、複数の領域を連結・調停する具体的な制度を構想する方向に進んだ。それが**二回路制**による民主政治である。ハーバーマスは、市民社会に根ざした市民的公共性を、政治のプロの集まりである公的議会と接続しようと試みた。市民社会における非公式的な、市民が直接参加する**討議（熟議）**を第2の回路と呼び、公式の、議会での討議や政治的決定を第1の回路とする。第2の回路では時間の制約なしに討議が可能であり、また、公式な討議では取り上げられなかった問題が発掘され、場合によっては、公私の線が引き直されることもある。実際、家庭内暴力や育児、介護の問題は、従来は私的な問題とされていたが、非公式の公共圏（第2の回路）での討議や運動を通じてこれらの問題が人々の関心を集めると、世論が形成され、公式な議会での討議（第1の回路）を経て立法がなされた。

　二回路制論の力点は、市民的公共性論と同じく、非公式的な領域で行われる自由な討議にある。第1の回路だけでは表明できなかった、より広範で多様な市民の意見が、国家や地方政府などの公的決定に生かされる。言い換えれば、自由で活発な市民社会につきものの、諸々の異議申し立てや対抗運動は、二回路制により政治共同体全体の集合的決定や統合性に接続されていく。こうして民主政治を重層化し、よりダイナミックで、しかも包摂性を高めて

安定したものにすることが二回路制の狙いの1つといえる。

●熟議民主主義論の展開

ハーバーマスの理論は、熟議民主主義の可能性をさらに発展させようという大きな流れを生み出した。公的な政策決定に、どのように、またどれくらいかかわるかについては論者の間で異なる見解も見られるものの、熟議民主主義に共通するのは、社会で日常生活を営む一般の市民こそが主役であるという点である。市民は平等に他の人々の意見に耳を傾け、自己の意見や判断を点検し、場合によってはそれらを見直し、修正する。討議を実施するにあたっては何らかの環境整備、例えば、できるだけ正確な情報とともに、互いに異なる立場からのものを含む公平な情報が各参加者に行きわたり、一人ひとりが発言できるよう小規模なグループで議論を行うことなどが求められよう。さらに、その際のグループの構成は多様な立場の人、できれば社会全体の縮図を示すものが望ましい。こうした方針に基づき、J. S. フィシュキンは、国民の関心が高く論争的なテーマ（例えば、「犯罪防止」）について、実際に市民を集めて討議のための集会を開催し、討議を経た後の市民の意見を調査するという**討論型世論調査**を提唱し、日本を含む多くの国で実施された（図11-5）*3。また、選挙の2週間前に各政党の政策を市民が検討する「熟議の日」を設けるという提言も行っている。

　フィシュキンによれば、有権者が公平な情報を持ち、時間をかけて議論を行うことによって、参加者たちは問題に対する理解を深め、討議に参加する以前に自分が抱いていた意見や選好を変容させる可能性がある。既存の代表制民主政治においては、人々の意見や利益が変化することは必ずしも想定されておらず、選挙での集計結果が示されるだけであった。それに対して、熟

---

*3　日本でも、2012年8月、政府（民主党政権時）が実施主体となり2030年の原発依存度などにつき討論型世論調査「エネルギー・環境に関する選択肢」が行われた。政府により委託され、国の決定前に国政上の重要な争点について意見聴取をした世界初の事例とされる（（Center for Deliberative Democracy at Stanford University. https://cdd.stanford.edu/2012/results-of-deliberative-polling-energy-and-environmental-policy-options-in-japan）。

[図11-5]　民主党政権下で行われた「討論型世論調査」
（東京新聞 web 2021 年 5 月 3 日）

議民主主義においてはむしろ意見の変化は歓迎され、議論の過程で、市民が
より広い視野を獲得するという**市民教育**の効果が得られるとされる。

　市民の直接参加はデマゴーグによる大衆動員（「衆愚政治」）につながると
いう議論が従来は優勢であったが、ここでは、市民自身が問題を多面的に検
討するため、政治指導者による一方的な宣伝に乗せられるだけの「愚かな」
決定は回避されると言われる。ルソーはかつて、民主政治は「神のような人
民」によって「小規模な」共同体でしか実現できないとしたが、はじめから
理想的存在ではなくとも、試行錯誤の中でみずからの判断力をみがく努力を
怠らない市民が台頭し、社会のあちらこちらでそうした市民たちによる「公
共圏」が形成される可能性は決して少なくはない。討議を通じた意見の表明
は、電子投票や世論調査などにみられる、その時々にばらばらに表明された
個人的意見の数的集積とは異なるもので、権力者やマスコミによるプロパガ
ンダによって操作・誘導されるという危険を回避できるというのである。

　このように熟議民主主義には政治指導者による権力濫用を防止するという
重要な機能があるが、それと並んで着目すべき機能は、公的な決定や法に、
民主的な正統性を付与するというものである。現代ではあらゆる価値や倫理
観が問い直されており、いかなる統治が正しいかということももはや定かで

はない。正しさの基準が揺らぐ中、国家や地方自治体が公共性の実現を一手に担い、市民はただそれを受け入れればよいという考えはもはや成立しがたい。そこで、諸個人が参加して作り上げる、新たな公共性が必要となる。ただし、そこで形成される公的決定はそのものとして正しいのではない。そうではなく、市民が集まって討議をつくしたという、決定に至る過程それ自体が重要である。すなわち、十分な手続きに則って策定されたというその点こそが、公的な決定や法を正統なものとする。

　たしかに、熟議民主主義の理論家が主張するように、広く人々が集まり討議した結果が公的な決定や立法に反映されるのであれば、「個人化」*4 したと言われる人々もその決定や法を正統なものとみなし、進んで従うであろう。意見が採用されなかった人々も、その意見が十分に考慮されたという満足感を得ることができるであろう。フィシュキンによれば、討議に参加したことが自分の意見形成に役立ったと回答する者の比率はきわめて高い。討議に参加することで、意見の一致しない人に対しても好意的に接する態度を育むこともあり得るし、妥協点を見出すことも可能となる。その意味で、熟議民主主義には、今日ますます弱くなったコミュニティ感覚を強化する役割も期待される。もちろん、宗教対立のような深刻な価値の対立やスピードが要求される緊急の政治課題などは、討議で解決することは困難かもしれない。その意味で、討議はあらゆる問題に対処できる万能薬ではない。

●民主政治の永遠の課題

こういった限界をふまえつつも、現代の熟議民主主義の試みはなお、われわれにとって意義がある。というのも、それは、民主政治が抱えるいわば永遠の課題とも言えるものに対し、真剣に向き合い、1つの方向性を示すものだからである。では、民主政治にとっての永遠の課題とは何か。個々の市民の価値観の多様性や社会の多元性を認めつつ、それが個々人を敵対と無関心の

---

*4　ドイツの社会学者ウルリッヒ・ベックの概念で、現代社会において、個人が家族や階級の判断ではなく、自らの判断で選択し、行動する傾向が強まったことを指す。

中に放置し、社会の致命的な分断を招いてしまう事態をいかにして回避するか。公共的意思決定の単位としての政治社会の統合を進めつつ、それが全体主義のような強制的同質化に転化する危険をいかに阻止するか。民主政治の可能性と未来は、こうした、一見すると矛盾する諸課題に対し、地道な試行錯誤を繰り返すことによってはじめて開かれていくのである。

あとがき

　政治学の教科書は数々あれども、本書が胸を張ってその独自性を主張できる点がある。それは、10有余名もの専門を異にする大執筆陣を擁しつつ、分業ではなく、完全な共著として1冊の本を仕上げたことである。一人の手による教科書は、明快で統一的なメッセージを読者に伝えられるという長所をもつ反面、必ずしも執筆者にとって専門ではない問題も扱わざるを得ないという難点をもつ。その難点を克服するため、複数の領域の専門家を集めると、個々の章の完成度は高まるが、1冊の書物としてはどうしても視点が拡散し、迫力を欠きがちである。このジレンマを克服するにはどうすればよいか。私たちが得た1つの解答が、多人数の執筆チームからなり、かつ、言葉の真の意味での「共著」もしくは「合作」による政治学教科書の刊行である。

　具体的には、以下のような共同作業を行った。まず、2009年の春から夏にかけて、川崎修、杉田敦、早川誠、犬塚元、上神貴佳の5名に両編集代表を加えた編集委員会が、章立てと各章のプロットを作成した。これを基に井柳美紀（第1章）、犬塚（第2章）、川出（第3章）、内山融（第4章）、前田幸男（第5章）、上神（第6章）、谷口（第7章）、逢坂巌（第8章）、宇野重規（第9章）、池本大輔（第10章）、中神由美子（第11章）が草稿を提出、編集委員と執筆者全員による数次の研究会を経て各執筆者が一次稿を作成した。これに各章間の連携を密にすべく、川出と谷口が手を加えて最終稿を作成し、東京大学出版会に入稿したのが2012年2月末である。

　研究課題の設定からゲラ刷りの校正に至るまで一人で作業を行うことを常とする研究者が、プロットの作成、原稿の執筆、修正、編集と担い手をリレーしていく。一匹狼を気取るのが研究者によくある傾向であるにもかかわらず、本書の作成過程は実に円滑に進んだ。執筆者が東京大学大学院法学政治学研

究科・法学部において佐々木毅先生のご指導に与っており、同門の信頼関係があったからだとも言えよう。本書は、佐々木先生の古稀をお祝いするという目的をもつものでもある。

　佐々木先生は卓越した研究者であるのと同時に、熱心な教育者でもある。それは狭義の後進の育成にとどまらず、教科書という形で自らの学問を社会に幅広く還元するものであった。先生の手になる教科書は、小学校の社会科から始まり、中学校の公民、高等学校の現代社会と政治経済、そして大学生向けの『政治学講義』（東京大学出版会）と『西洋政治思想史』（北樹出版、共著）にまで及ぶ。唯一、高校と大学専門レベルの中間、いわゆる大学教養レベルの教科書が（新書などの一般書を除けば）ミッシング・チャプターとなっており、それを埋めようとするのが本書である。専門のご研究を極められると同時に、民主政治の次代の担い手を育成するという教育の分野においても多大なる貢献をなされてきた先生の精神と情熱がいささかなりとも本書に受け継がれていることを願ってやまない。

　本書は、還暦記念の『デモクラシーの政治学』（東京大学出版会、2002年）出版後に大学のポストについた若手を主力にして、プロット作成や一部の章、囲み記事の執筆などで還暦記念論集の執筆者の協力を仰いだ。これに前後して、一部の年長の佐々木門下生にはボランティアで囲み記事をご寄稿いただき、また索引の作成では古城毅・川口航史の両氏、文献一覧の作成では岡田拓也氏の手を煩わせた。本書は、まさに幅広い研究分野、幅広い世代にまたがる執筆者それぞれによる佐々木政治学との知的格闘の成果でもある。

　東京大学出版会の斉藤美潮氏には、時間的制約の厳しいなか、教科書という煩瑣な編集作業を完璧にこなしていただいた。この場を借りて御礼申し上げたい。

　大所帯での完全共著とは、いささか恐いもの知らずの試みではあったが、各自がアイデアや専門知識あるいは教育経験を持ち寄り、互いを尊重しながら虚心坦懐に対話を重ねた、本書のための研究会は、文字通り愉楽の一時であった。かつて『デモクラシーの政治学』のあとがきを、編者の一人であっ

た福田有広氏は、次のような文章で締め括った。

　　院生・助手の時代は極めて恵まれた環境にあった。佐々木教授の下で研
　究を進めることができたことに加え、一同が研究室を共にしていたからで
　ある。暖かなアドヴァイスはもとより、専門を同じくする仲間にも、
　演習という議論の機会にも事欠かなかった。おきまりの店での勉強会も、
　おきまりのコーヒー・セットもあった。(中略)振り返れば、本書のため
　の研究会は、その数日、時計の針を当時へ巻き戻したかのような不思議
　な時間であった。その会も、この刊行をもって当座の役割を終える。し
　かし、一同が今後も、政治学者の本分を真摯に尽くそうとするのであれ
　ば、この蜃気楼を記憶の隅に見送ることは、おそらく賢明ではないだろ
　う。政治について、現在の、そしてかつての仲間で議論を続けること。
　その態度を大切に持ち続けること。それこそは、政治学者に限らず、デ
　モクラシーに生きる私たち皆の責務でもあるはずだから。

　それから10年を経て、私たちが再び淹れたコーヒーの香りは、この間に天
上の人となられた福田さんの許にも届いたと信じる。

　2012年5月

　　　　　　　　　　　　　　　　　　　　　　　川　出　良　枝
　　　　　　　　　　　　　　　　　　　　　　　谷　口　将　紀

第2版あとがき

　幸いにして本書は多くの読者の支持をいただき、初版刊行後10年、佐々木先生の傘寿を機に第2版を上梓できたことは、執筆者一同大きな喜びとするところである。新版の編集にあたっては、高等学校の新学習指導要領（必修科目「公共」の新設）および選挙権・成年年齢引き下げに伴う若年層の意識調査の分析ならびに初版を教科書にご採用いただいた先生方のヒアリング等をふまえ、初版との連続性に重きを置きながら、この間の政治状況や研究動向の反映に努めた。ご協力くださった皆様に感謝申し上げる。東京大学出版会の斉藤美潮氏には、初版に引き続き編集作業の労をお取りいただいた。なお、本書はJSPS科研費（18H00813）の研究成果の一部である。

　2022年5月

川 出 良 枝

谷 口 将 紀

参考文献

[はしがき]

佐々木毅，2012『政治学講義［第2版］』東京大学出版会.

[第1章]

トクヴィル，A. de（松本礼二訳），2005-08『アメリカのデモクラシー』第1巻上下，第2巻上下，岩波文庫.

ハミルトン，A., J. ジェイ，J. マディソン（斎藤眞・中野勝郎訳），1999『ザ・フェデラリスト』岩波文庫.

プラトン（藤沢令夫訳），1979『国家』上下，岩波文庫.

ペイン，T.（小松春雄訳），1976『コモン・センス』岩波文庫.

ミル，J. S.（関口正司訳），2019『代議制統治論』岩波書店.

モンテスキュー（野田良之・稲本洋之助・上原行雄・田中治男・三辺博之・横田地弘訳），1989『法の精神』上中下，岩波文庫.

ルソー，J.-J.（桑原武夫・前川貞次郎訳），1954『社会契約論』岩波文庫.

ロック，J.（加藤節訳），2010『完訳　統治二論』岩波文庫.

[第2章]

アンダーソン，B.（白石さや・白石隆訳），2007『定本　想像の共同体』書籍工房早山.

川崎修，2010『「政治的なるもの」の行方』岩波書店.

シュミット，C.（稲葉素之訳），2000『現代議会主義の精神史的地位』みすず書房.

シュムペーター，J.（中山伊知郎・東畑精一訳），1995『資本主義・社会主義・民主主義』東洋経済新報社.

ダール，R. A.（内山秀夫訳），1970『民主主義理論の基礎』未來社.

ダール，R. A.（高畠通敏・前田脩訳），2014『ポリアーキー』岩波文庫.

早川誠，2001『政治の隘路』創文社.

ホブズボウム，E., T. レンジャー編（前川啓治・梶原景昭他訳），1992『創られた伝統』紀伊國屋書店.

丸山眞男，2003『丸山眞男集　第8巻』岩波書店.

水島治郎編，2020『ポピュリズムという挑戦』岩波新書.

ミュラー，J. W（板橋拓己・田口晃監訳），2019『試される民主主義』上下，岩波書店.

モッセ，G. L.（佐藤卓己・佐藤八寿子訳），2021『大衆の国民化』ちくま学芸文庫.

224●──参考文献

[第3章]

キャンベル，J. C.（三浦文夫・坂田周一監訳），1995『日本政府と高齢化社会』中央法規出版.

新川敏光，2005『日本型福祉レジームの発展と変容』ミネルヴァ書房.

田中拓道，2017『福祉政治史』勁草書房.

ノージック，R.（嶋津格訳），1992『アナーキー・国家・ユートピア』木鐸社.

ピアソン，Ch.（田中浩・神谷直樹訳），1996『曲がり角にきた福祉国家』未來社.

ロールズ，J.（川本隆史・福間聡・神島裕子訳），2010『正義論［改訂版］』紀伊國屋書店.

[第4章]

阿部斉，1992『アメリカ現代政治［第2版］』東京大学出版会.

猪口孝・大澤真幸・岡沢憲芙・山本吉宣・スティーブン R. リード編，2004『政治学事典（縮刷版）』弘文堂.

大石眞・久保文明・佐々木毅・山口二郎編著，2002『首相公選を考える』中公新書.

奥島孝康・中村紘一編，1993『フランスの政治』早稲田大学出版部.

川勝平太・三好陽編，1999『イギリスの政治』早稲田大学出版部.

サルトーリ，G.（岡沢憲芙監訳・工藤裕子訳），2000『比較政治学』早稲田大学出版部.

西尾勝，1988『行政学』放送大学教育振興会.

ハミルトン，A., J. ジェイ，J. マディソン（斎藤眞・中野勝郎訳），1999『ザ・フェデラリスト』岩波文庫.

森山茂徳，1998『韓国現代政治』東京大学出版会.

Dunleavy, Patrick, and R. A. W. Rhodes, 1990 "Core Executive Studies in Britain," *Public Administration*, 68, pp. 3–28.

ポグントケ，T., P. ウェブ編（岩崎正洋監訳），2014『民主政治はなぜ「大統領制化」するのか』ミネルヴァ書房.

[第5章]

池田謙一，2007『政治のリアリティと社会心理』木鐸社.

池田謙一編，2001『政治行動の社会心理学』北大路書房.

石川真澄・山口二郎，2021『戦後政治史［第4版］』岩波新書.

カーティス，J.L.（山岡清二・大野一訳），2009『代議士の誕生』日経 BP 社.

蒲島郁夫，2004『戦後政治の軌跡』岩波書店.

佐々木毅編，1989『現代政治学の名著』中公新書.

杣正夫，1986『日本選挙制度史』九州大学出版会.

ダール，R. A.（高畠通敏・前田脩訳），1981『ポリアーキー』三一書房.

高畠通敏，1980『現代日本の政党と選挙』三一書房.

西平重喜, 2003『各国の選挙』木鐸社.

リプセット, S. M.(内山秀夫訳), 1963『政治のなかの人間』東京創元新社.

Cox, Gary W., 1997 *Making Votes Count*, Cambridge: Cambridge University Press.

Lijphart, Arend, 1994 *Electoral Systems and Party Systems*, Oxford: Oxford University Press.

Reed, S. R., 1990 "Structure and Behaviour: Extending Duverger's Law to the Japanese Case," *British Journal of Political Science*, 20(3), pp. 335–356.

[第6章]

岩永健吉郎, 1983『西欧の政治社会［第2版］』東京大学出版会.

川人貞史, 2005『日本の国会制度と政党政治』東京大学出版会.

佐藤誠三郎・松崎哲久, 1986『自民党政権』中央公論社.

サルトーリ, J.(岡沢憲芙・川野秀之訳), 1992『現代政党学』早稲田大学出版部.

ダウンズ, A.(古田精司監訳), 1980『民主主義の経済理論』成文堂.

竹中治堅, 2010『参議院とは何か』中公叢書.

デュベルジェ, M.(岡野加穂留訳), 1970『政党社会学』潮出版社.

パーネビアンコ, A.(村上信一郎訳), 2005『政党』ミネルヴァ書房.

福元健太郎, 2000『日本の国会政治』東京大学出版会.

増山幹高, 2003『議会制度と日本政治』木鐸社.

ミヘルス, R.(広瀬英彦訳), 1975『政党政治の社会学』ダイヤモンド社.

Mair, Peter, 1997 *Party System Change*, Oxford: Clarendon Press.

Polsby, Nelson W., 1975 "Legislature," F. I. Greenstein and N. W. Polsby eds., *Handbook of Political Science*, vol. 5, *Governmental Institutions and Process*, Reading, Mass.: Addison-Wesley Publishing Company, pp. 257–319.

[第7章]

ウェーバー, M.(世良晃志郎訳), 1970『支配の諸類型』創文社.

川崎修・杉田敦編, 2012『現代政治理論［新版］』有斐閣.

久米郁男, 1998『日本型労使関係の成功』有斐閣.

ダール, R.(内山秀夫訳), 1970『民主主義理論の基礎』未來社.

辻中豊・森裕城編著, 2010『現代社会集団の政治機能』木鐸社.

ペッカネン, R.(佐々田博教訳), 2008『日本における市民社会の二重構造』木鐸社.

ペンペル, T. J.・恒川恵市, 1984「労働なきコーポラティズムか：日本の奇妙な姿」Ph. シュミッター・G. レームブルッフ編(山口定監訳)『現代コーポラティズムI』木鐸社.

マートン, R. K.(森東吾・金沢実・森好夫・中島竜太郎訳), 1961『社会理論と社会構造』みすず書房.

ロウィ，Th. J.（村松岐夫監訳），1981『自由主義の終焉』木鐸社.

[第8章]

池田謙一，2000『コミュニケーション』東京大学出版会.

逢坂巌，2014『日本政治とメディア』中公新書.

岡田直之，2001『世論の政治社会学』東京大学出版会.

ギャラップ，G.（二木宏二訳）1976『ギャラップの世論調査入門』みき書房.

クラウス，E.（村松岐夫監訳・後藤潤平訳），2006『NHK vs 日本政治』東洋経済新報社.

谷口将紀，2002「マスメディア」福田有広・谷口将紀編『デモクラシーの政治学』東京大学出版会，pp. 269–286.

ニクソン，R.（徳岡孝夫訳），1986『指導者とは』文藝春秋.

パリサー，I.（井口耕二訳），2016『フィルターバブル』早川書房.

ヒトラー，A.（平野一郎・将積茂訳），1973『我が闘争』上下，角川書店.

ポプキン，S.・蒲島郁夫・谷口将紀編，2008『メディアが変える政治』東京大学出版会.

Davidson, W. Phllips, 1983 "The Third-person effect in communication," *Public Opinion Quarterly,* 47（1），pp. 1–15.

Glynn, Carroll J., Susan Herbst, Garrett J. O'Keefe, Robert Y. Shapiro, and Mark Lindeman, 2004 *Public Opinion*（2nd editon), Boulder: Westview Press.

Jamieson, K. H. and Joseph N. Cappella, 2008. *Echo Chamber: Rush Limbaugh and the Conservative Media Establishment*, Oxford University Press.

[第9章]

天川晃，1986「変革の構想」大森彌・佐藤誠三郎編『日本の地方政府』東京大学出版会.

片岡正昭，1995『知事職をめぐる官僚と政治家』木鐸社.

東大社研・玄田有史・中村尚史編，2009『希望学2　希望の再生』東京大学出版会.

砂原庸介，2011『地方政府の民主主義』有斐閣.

曽我謙悟・待鳥聡史，2007『日本の地方政治』名古屋大学出版会.

西尾勝，2007『地方分権改革』東京大学出版会.

村松岐夫，1988『地方自治』東京大学出版会.

Barry, Brian, 1995 *Justice as Impartiality*, Oxford: Clarendon Press.

Rhodes, R.A.W., 1997 *Understanding Governance:Policy Networks, Governance, Reflexivity and Accountability*, Buckingham: Open University Press.

[第10章]

ウェスタッド，O. A.（益田実監訳・山本健・小川浩之訳），2020『冷戦』上下，岩波書

店.

ウォルツ, K.（渡邉昭夫・岡垣知子訳）, 2013『人間・国家・戦争』勁草書房.

ローレン, P.G., G.A.クレイグ, A.L.ジョージ（木村修三・滝田賢治・五味俊樹・高杉忠明・村田晃嗣訳）, 2009『軍事力と現代外交［原書第4版］』有斐閣.

ナイ, J.Jr., D.A.ウェルチ（田中明彦・村田晃嗣訳）, 2017『国際紛争［原書第10版］』有斐閣.

ハワード, M.（奥村房夫・奥村大作訳）, 2010『ヨーロッパ史における戦争』中公文庫.

ブル, H.（臼杵英一訳）, 2000『国際社会論』岩波書店.

ヘルド, D.他（古城利明・臼井久和・滝田賢治・星野智訳）, 2006『グローバル・トランスフォーメーションズ』中央大学出版部.

益田実・山本健編著, 2019『欧州統合史』ミネルヴァ書房.

ロドリック, D.（柴山桂太・大川良文訳）, 2013『グローバリゼーション・パラドクス』白水社.

Barry J. Eichengreen, 2008 *Globalizing Capital*, Princeton: Princeton University Press.

[第11章]

アレント, H.（志水速雄訳）, 1994『人間の条件』ちくま学芸文庫.

カーソン, R.（青樹簗一訳）, 2004『沈黙の春』新潮文庫.

川崎修, 2005『アレント』講談社.

キムリッカ, W.（千葉眞・岡崎晴輝訳）, 2005『新版 現代政治理論』日本経済評論社.

ギリガン, C.（岩男寿美子監訳）, 1986『もうひとつの声』川島書店.

篠原一, 1977『市民参加』岩波書店.

新川敏光編, 2017『国民再統合の政治』ナカニシヤ出版.

高畠通敏, 2009「政治理論と社会運動」栗原彬・五十嵐暁郎編『高畠通敏集 1 政治理論と社会運動』岩波書店.

テイラー, Ch., J.ハーバーマス他（佐々木毅・辻康夫・向山恭一訳）, 1996『マルチカルチュラリズム』岩波書店.

バーバー, B.R.（山口晃訳）, 2007『〈私たち〉の場所』慶應義塾大学出版会.

バーバー, B.R.（竹井隆人訳）, 2009『ストロング・デモクラシー』日本経済評論社.

ハーバーマス, J.（細谷貞雄・山田正行訳）, 1994『公共性の構造転換［第2版］』未來社.

ハーバーマス, J.（河上倫逸・耳野健二訳）, 2002-2003『事実性と妥当性』上下, 未來社.

フィシュキン, J.S.（曽根泰教監修・岩木貴子訳）, 2011『人々の声が響き合うとき』早川書房.

ペイトマン, C.（寄本勝美訳）, 1977『参加と民主主義理論』早稲田大学出版部.

ベック, U.（東廉・伊藤美登里訳）, 1998『危険社会』法政大学出版局.

読者のための基本文献

[第1章]
川出良枝・山岡龍一，2012『西洋政治思想史』岩波書店.
佐々木毅，2007『民主主義という不思議な仕組み』ちくまプリマー新書.
橋場弦，1997『丘のうえの民主政』東京大学出版会.

[第2章]
宇野重規，2020『民主主義とは何か』講談社現代新書.
杉田敦，2001『デモクラシーの論じ方』ちくま新書.
早川誠，2014『代表制という思想』風行社.
前田健太郎，2019『女性のいない民主主義』岩波新書.
水島治郎，2016『ポピュリズムとは何か』中公新書.
森政稔，2008『変貌する民主主義』ちくま新書.

[第3章]
エスピン - アンデルセン，G.(岡沢憲芙・宮本太郎監訳)，2001『福祉資本主義の三つの
　　世界』ミネルヴァ書房.
久米郁男・川出良枝・古城佳子・田中愛治・真渕勝，2011『政治学［補訂版］』有斐閣.
バリー，N.(齋藤俊明他訳)，2004,『福祉』昭和堂.
齋藤純一・田中将人，2021『ジョン・ロールズ』中公新書.
宮本太郎，2008『福祉政治』有斐閣.

[第4章]
飯尾潤，2007『日本の統治構造』中公新書.
内山融，2007『小泉政権』中公新書.
竹中治堅，2006『首相支配』中公新書.
御厨貴編，2013『歴代首相物語［増補新版］』新書館.
レイプハルト，A.(粕谷裕子訳)，2005『民主主義対民主主義』勁草書房.

[第5章]
伊藤光利・田中愛治・真渕勝，2000『政治過程論』有斐閣.
蒲島郁夫・境家史郎，2020『政治参加論』東京大学出版会.
川人貞史・吉野孝・平野浩・加藤淳子，2011『現代の政党と選挙［新版］』有斐閣.

西平重喜，1981『比例代表制』中央公論社.

三宅一郎，1989『投票行動』東京大学出版会.

[第6章]

大山礼子，2011『日本の国会』岩波新書.

北岡伸一，2008『自民党』中公文庫.

谷口将紀，2020『現代日本の代表制民主政治』東京大学出版会.

中北浩爾，2019『自公政権とは何か』ちくま新書.

前田幸男・堤英敬編著，2015『統治の条件』千倉書房.

待鳥聡史，2015『政党システムと政党組織』東京大学出版会.

[第7章]

清水真人，2018『平成デモクラシー史』ちくま新書.

西尾勝，2001『行政学［新版］』有斐閣.

真渕勝，2009『行政学』有斐閣.

村松岐夫，2001『行政学教科書［第2版］』有斐閣.

[第8章]

蒲島郁夫・竹下俊郎・芹川洋一，2010『メディアと政治［改訂版］』有斐閣.

逢坂巌，2014『日本政治とメディア』中公新書.

谷口将紀，2015『政治とマスメディア』東京大学出版会.

リップマン，W.（掛川トミ子訳），1987『世論』上下，岩波文庫.

[第9章]

礒崎初仁・金井利之・伊藤正次，2020『ホーンブック地方自治［新版］』北樹出版.

曽我謙悟，2019『日本の地方政府』中公新書.

トクヴィル，A. de（松本礼二訳），2005-08『アメリカのデモクラシー』岩波文庫.

松下圭一，1975『市民自治の憲法理論』岩波新書.

松下圭一，1999『自治体は変わるか』岩波新書.

[第10章]

有賀貞，2010『国際関係史』東京大学出版会.

飯田敬輔，2007『国際政治経済』東京大学出版会.

池本大輔・板橋拓己・川嶋周一・佐藤俊輔，2020『EU政治論』有斐閣.

藤原帰一，2007『国際政治』放送大学教育振興会.

最上敏樹，2016『国際機構論講義』岩波書店.

[第11章]

宇野重規，2010『〈私〉時代のデモクラシー』岩波新書.

川崎修・杉田敦編，2012『現代政治理論［新版］』有斐閣.

齋藤純一，2000『公共性』岩波書店.

篠原一，2004『市民の政治学』岩波新書.

人名索引

事項索引

政治学　第2版

2012 年 7 月 15 日　初　版第 1 刷
2022 年 7 月 15 日　第 2 版第 1 刷
2023 年 10 月 10 日　第 2 版第 3 刷

［検印廃止］

編　者　川出良枝・谷口将紀
　　　　かわでよしえ・たにぐちまさき

発行所　一般財団法人　東京大学出版会

代 表 者　吉見俊哉

153-0041 東京都目黒区駒場 4-5-29
https://www.utp.or.jp/
電話 03-6407-1069　Fax 03-6407-1991
振替 00160-6-59964

印刷所　株式会社理想社
製本所　牧製本印刷株式会社

© 2022 Yoshie Kawade, Masaki Taniguchi *et al.*
ISBN 978-4-13-032235-5　Printed in Japan

佐々木　毅著	政　治　学　講　義［第2版］	A5判	2800円
福田　歓一著	政　　治　　学　　史	A5判	5200円
阿部　　齊著	概説　現代政治の理論［オンデマンド版］	46判	2300円
篠原　　一著	ヨ　ー　ロ　ッ　パ　の　政　治	A5判	3200円
谷口　将紀著	現代日本の代表制民主政治	A5判	5800円
新藤　宗幸著	行　政　責　任　を　考　え　る	46判	2800円
新藤　宗幸 阿部　　齊著	概説　日本の地方自治［第2版］	46判	2400円
宇野　重規著	未　来　を　は　じ　め　る	46判	1600円

ここに表示された価格は本体価格です．ご購入の
際には消費税が加算されますのでご了承ください．